Kauder

Band

Kauderwelsch

Laotisch für Globetrotter

Klaus Werner

Kauderwelsch Band 60
Laotisch für Globetrotter
von Klaus Werner

Peter Rump Verlags- und
Vertriebsges. mbH
Hauptstr. 198
D-4800 Bielefeld 14

1. Auflage 1991
ISBN 3-89416-250-3

Konzeption:
Peter Rump

Gestaltung:
Christine Brockmann (Inhalt)
Peter Rump (Umschlag)

Fotos:
Klaus Werner

Druck, Bindung:
Paderborner Druck Centrum (PDC), Paderborn

PRINTED IN GERMANY

■ Dieses Buch ist erhältlich in jeder Buchhandlung der BRD, Österreichs, der Niederlande und der Schweiz. Bitte informieren Sie Ihren Buchhändler über folgende Bezugsadressen:

BRD:	Prolit GmbH, Pf. 9, D-6301 Fernwald (Annerod)
Schweiz:	AVA-buch 2000, Postfach, CH-8910 Affoltern
Österreich:	ROBO GmbH, PF 601, A-1060 Wien
Niederlande:	Nilsson & Lamm bv, NL-1380 AD Weesp

■ Wer im Laden trotzdem kein Glück hat, bekommt unsere Bücher gegen Voreinsendung des Kaufpreises (Scheck im Brief) bei: **Rump-Direktversand,** Heidekampstr. 18, D-4450 Lingen (Ems)

■ Zu diesem Buch ist eine **Tonband-Kassette** erschienen. Näheres dazu steht auf Seite 18.

■ Der Verlag will die Kauderwelsch-Reihe ausbauen und sucht Autoren für folgende Sprachen: LETTISCH, SINGHALESISCH, GÄLISCH u.a.

Inhalt

Kauderwelsch-Sprechführer sind anders!

Warum? Weil sie Dich in die Lage versetzen, wirklich zu sprechen und die Leute zu verstehen.
Wie wird das gemacht? Abgesehen von dem, was jedes Sprachbuch bietet, nämlich Vokabeln, Beispielsätze etc., zeichnen sich die Bände der Kauderwelsch-Reihe durch folgende Besonderheiten aus.

1. Die **Grammatik** wird in einfacher Sprache so weit erklärt, daß es möglich wird, ohne viel Paukerei mit dem Sprechen zu beginnen, wenn auch nicht gerade druckreif.
2. Alle Beispielsätze werden doppelt ins Deutsche übertragen: zum einen **Wort-für-Wort**, zum anderen in "ordentliches Hochdeutsch". So wird das fremde Sprachsystem sehr gut durchschaubar. Denn in einer fremden Sprache unterscheiden sich z.B. Satzbau und Ausdrucksweise recht stark vom Deutschen. Ohne diese Übersetzungsart ist es so gut wie unmöglich, einzelne Wörter in einem Satz auszutauschen.
3. Die **Autoren** der Reihe sind Globetrotter, die die Sprache im Land selbst gelernt haben. Sie wissen daher genau, wie und was der einfache Mann auf der Straße spricht. Dessen Ausdrucksweise ist nämlich häufig viel einfacher und direkter als z.B, die Sprache der Literatur.
4. Besonders wichtig sind im Reiseland die **Körpersprache, Gesten, Zeichen und Verhaltensregeln**, ohne die auch der beste Sprecher kaum mit Leuten in guten Kontakt kommmt. In allen Bänden der Reihe wird darum besonders auf diese Art der nonverbalen Kommunikation eingegangen.

Kauderwelsch-Sprechführer sind keine Lehrbücher, aber viel mehr als Sprachführer! Wenn Du ein wenig Zeit investierst und einige Vokabeln lernst, wirst Du mit ihrer Hilfe in kürzester Zeit Informationen bekommen und Erfahrungen machen, die einem "taubstummen" Touristen verborgen bleiben.

Vorwort

Es ist kaum zu glauben, Laotisch gehört zu den leichtesten Sprachen der Welt! Zu schwierig erscheinen die neuen Buchstaben, kaum erlernbar die sechs Töne und unergründlich der so völlig anders klingende Wortschatz. Nach vielen Jahren Aufenthalt in Laos möchte ich jedoch jedem Interessierten und Lernwilligen auf den Weg mitgeben: Laotisch ist für den Deutschen wirklich relativ leicht erlernbar. Es lohnt sich!

Natürlich wird es ohne etwas Mühe nicht abgehen. Dafür aber erwartet den laotischsprechenden oder zumindestens radebrechenden Ausländer die unmittelbare Begegnung mit einem der liebenswürdigsten Völker dieser Welt. Jeder Laote weiß zu schätzen, daß man sich die Mühe gemacht hat, diese vergleichsweise unbedeutende Sprache zu erlernen. Allerdings spricht man sie nicht nur in Laos, sondern auch im Nordwesten Thailands. Zur Not kann man sich über Laotisch auch einem Thailänder verständlich machen. Sind schon Kenntnisse des Thai vorhanden, bereitet Laotisch kaum noch Mühe, Schriftbild und Grammatik sind einfacher, einige häufig gebrauchte Wörter sind jedoch neu zu erlernen.

Laos ist eines der gering entwickeltsten Länder der Welt, vom Meer abgeschnitten und von der Geschichte mit der Hypothek der französischen Kolonialherrschaft und eines dreißigjährigen Krieges belastet. Erst in den letzten Jahren öffnete sich das Land zunehmend für Ausländer. Aber aufgrund des generell niedrigen Entwicklungsniveaus kann auch die touristische Infrastruktur nur langsam entstehen. Um so interessanter könnte es jedoch sein, das Land, seine liebenswürdigen Menschen und die reiche jahrhundertealte Kultur sozusagen im Originalzustand kennenzulernen.

Der vorliegende Sprachführer ist nach meiner Kenntnis das erste Buch über Laotisch in deutscher Sprache. Es erhebt keinen Anspruch auf Wissenschaftlichkeit, sondern soll einzig und allein dem Ziel dienen, sich in Laos verständlich zu machen und den Einstieg in diese exotische Sprache möglichst leicht zu gestalten.

Damit entlasse ich Sie in das Studium der laotischen Sprache in der Hoffnung, daß es Ihnen manch neue Erfahrung und schöne Erlebnisse bescheren wird. Viel Erfolg beim Erlernen einer der leichtesten Sprachen der Welt!

Gebrauchsanweisung

Das Buch gliedert sich in drei Abschnitte. Im ersten, der **Grammatik,** kann sich der Leser einen Überblick verschaffen, wie die Sprache aufgebaut ist, wie sie "funktioniert". Der Inhalt dieses Abschnittes wurde auf das notwendige Minimum beschränkt. Leicht verständliche Beispiele aus dem Grundwortschatz geben von Anbeginn an praktische Hilfe für einfache Gespräche.

Im zweiten Abschnitt werden der Grundwortschatz und einfache **Satzbeispiele** und Vokabeln zu verschiedenen Situationen geboten, in denen sich ein Laos-Besucher mit einiger Wahrscheinlichkeit bewähren kann.

Benötigt man ein bestimmtes Wort, findet man es am schnellsten in den **Wörterlisten** Deutsch–Laotisch, Laotisch–Deutsch des dritten Abschnitts. Die jeweils ca. 1000 lexikalischen Einheiten enthalten all die in den ersten beiden Abschnitten vorgestellten Wörter und darüber hinaus viele weitere häufig benutzte Vokabeln aus dem Alltagswortschatz.

Sollten Sie einmal in eine dringende Notsituation geraten, könnte Ihnen die Wörterliste im Abschnitt "Hilferufe auf Laotisch" eine wertvolle Hilfe sein.

Die laotischen Wörter sind in einer dem deutschen Leser leicht verständlichen **Umschrift** in Fettdruck geschrieben. Sie wird im Kapitel "Aussprache" erläutert.

Dem Laotischen folgt eine **Wort–für–Wort– Übersetzung** in Kleindruck. Diese erleichtert das Verständnis der Struktur und des laotischen Beispiels. Um ähnliche Sätze zu bilden, genügt es in der Regel, die betreffenden Wörter durch andere zu ersetzen.

Der Bindestrich vereint Silben bzw. Wörter mit eigenständiger Bedeutung, die im Deutschen als ein Wort übersetzt werden, z.B.:

hoong–hääm	Gebäude–nächtigen	Hotel.

In den Wort–für–Wort–Übersetzungen kommen folgende **Abkürzungen** vor:

FP	Fragepartikel
HW	Hauptwort
Klass.	Klassifikator
Mz.	Mehrzahl
Subst.	Substantiv
Verg.	Vergangenheit
Zuk.	Zukunft
refl.	reflexiv

Zur Sprache

Laotisch (**phaasaa laao**) ist die offizielle Sprache in der Volksdemokratischen Republik Laos (VDRL). Neben den ca. 2,5 Mio ethnischen Laoten wird es auch von vielen Angehörigen der anderen in Laos lebenden ethnischen Gruppen als Verkehrssprache benutzt.

Wie auch andere auf dem Gebiet von Laos gesprochene Lao–Thai–Sprachen, gehört Laotisch zur Gruppe der Thai–Sprachen. Die Zuordnung zur sino–tibetischen Sprachfamilie ist umstritten. Sprachlich eng verwandt mit dem Laotischen sind die Sprachen der Thai, Shan (Birma) sowie Li und Schwarze Thai (Vietnam und Südchina). Deshalb ist es nicht verwunderlich, wenn sich Thailänder und Laoten, jeder seine Sprache gebrauchend, prächtig verstehen. Außerdem sprechen die ca. 17 Mio vorwiegend im Nordosten Thailands lebenden ethnischen Laoten (die sog. Thai–Issan) in Thai–Dialekten, die dem Laotischen näher stehen als dem Standard–Thailändisch.

Die laotische Sprache erblühte während des Bestehens von "Lane Sang Hom Khao" – des "Reiches der Millionen Elefanten und des weißen Schirms" – (1353–1707) unter starkem Einfluß des Buddhismus. Innere Auseinandersetzungen, die Einführung der französischen Sprache während der Kolonialherrschaft (1893–1954) und die dreißigjährigen Kriegswirren (1941–1973) führten zum Niedergang der laotischen Literatursprache und schränkten die Bedeutung des Laotischen auf das königliche Hofzeremoniell und die Alltagssprache des Volkes ein.

Vor allem seit Gründung der Volksdemokratischen Republik Laos (1975) erlebt die laotische Sprache eine Renaissance in allen Lebensbereichen. Dieser Prozeß erfolgt jedoch langsam. Zum einen fehlen staatliche Mittel zur Förderung, zum zweiten sind die Einflußmöglichkeiten auf die Sprachentwicklung und –normierung durch Schulsystem, Massenmedien, Verlagswesen usw. unterentwickelt und zum dritten geht von den Weltsprachen und vom Thailändischen ein starker äußerer Druck auf die Sprachentwicklung in Laos aus.

In Laos wird Laotisch im wesentlichen in drei Dialekten gesprochen: dem nördlichen (**siang nüüa**), dem Vientianer (**siang viangtjan**) und dem südlichen (**siang tai**), wovon der Vientianer Dialekt mehr und mehr zur Normsprache wird. In Vientiane sagt man scherzhaft, daß man im Norden das Laotische singt und im Süden bellt.

Das Laotische ist eine Silbensprache. Daraus ergibt sich der für den Lernenden unschätzbare Vorteil, daß sich jedes Wort aus einer oder mehreren unveränderlichen Silben zusammensetzt.

Es gibt keinerlei Beugung, kein grammatisches Geschlecht ect. pp.!!!

Eine Silbe besteht mindestens aus zwei, maximal aus drei Bestand-teilen:

- Anfangskonsonant, z.B. **m, k, kh** ...
- Vokal oder Mehrfachvokal, z.B. **i, au, o** ...
- Schlußkonsonant, **p, t, k, m, n**.

Daraus lassen sich beispielsweise folgende Wörter bilden:

maa	kommen	**khau**	Reis
kin	essen	**khon**	Mensch

Viele Silben sind an sich schon Wörter. Setzt man einzelne Silben zusammen, kann theoretisch eine astronomische Anzahl neuer Wörter gebildet werden, z.B.:

	khüüang	Gerät
+	**at**	schließen, einschließen
+	**siang**	Laut

=	**khüüang-at-siang**	
	Gerät-einschließen-Laut	
	Tonbandgerät, Recorder	

In vielen mehrsilbigen Wörtern, besonders jenen, die dem Pali oder Sanskrit entlehnt sind, kann man aber nicht mehr jede Silbe für sich übersetzen.

Wie auch im Deutschen gibt es eine zunehmende Anzahl importierter Wörter, auch wenn es teilweise schon muttersprachliche Begriffe dafür gibt. So kann man z.B. folgende Wörter gebrauchen:

theep	Recorder (von engl. *tape*)
taksii	Taxi
theelee	Fernsehen

Internationalismen haben jedoch auch ihre Tücken. Selbst ein auf der ganzen Welt gebräuchliches englisches Wort wird erst dann verstanden, wenn man es richtig laotisch ausspricht. Gleiches gilt übrigens für Namen. Da im Laotischen beispielsweise ein **s** oder **r** am Ende der Silbe nicht vorkommt, bekam mein Name vielfältige Ableger wie: *Klau Wana, Kalausi Wanö* oder *Klo Wönö* in allen möglichen Kombinationen.

Die Schrift

Die ältesten Schriftzeunisse in Laotisch datieren aus dem 16. Jahrhundert, geschrieben in der Schrift **tham** oder in einer Vorläuferin der heutigen laotischen Schriftsprache **tuua laao**. Ihre Ursprünge nimmt letztere wahrscheinlich in einer Schrift der indischen Brahmanen.

Die laotische Schrift besteht wie die deutsche aus Buchstaben und Zeichen und wird ebenfalls von links nach rechts geschrieben. Heute umfaßt das laotische Alphabet 64 einfache und zusammengesetzte graphische Zeichen. Die Schrift ist sehr unrationell, weil mehrere Buchstabenpaare existieren, die gleich gesprochen werden. Weiterhin müssen mehrere Vokale bzw. Doppellaute aus mehreren Zeichen 'zusammengebastelt' werden. Außerdem beansprucht die Schrift vier Schriftebenen (Zeilen).

Im einzelnen besteht das Alphabet aus folgenden Buchstaben:

Konsonanten

k ກ	kh ຂ	kh ຄ	ng ງ	tj ຈ	s ສ	s ຊ	nj ຍ	d ດ
t ຕ	th ຖ	th ທ	n ນ	b ບ	p ປ	ph ຜ	f ຝ	ph ພ
f ຟ	m ມ	j ຢ	l ລ	w ວ	h ຫ	θθ ອ	h ຮ	

Offiziell gibt es den Buchstaben **r** nicht. An seiner statt soll das **l** benutzt werden. In der Praxis stößt man aber häufig auf das 'ungeliebte' **r**.

Anmerkung: Beim Buchstabieren der Konsonanten wird immer ein langes offenes o (in der Umschrift: **ɵɵ**) angefügt, außer beim Buchstaben **ɵɵ** selbst, der als Konsonant gilt, weil er auch als stummer Träger für andere Vokale fungieren kann.

Vokale

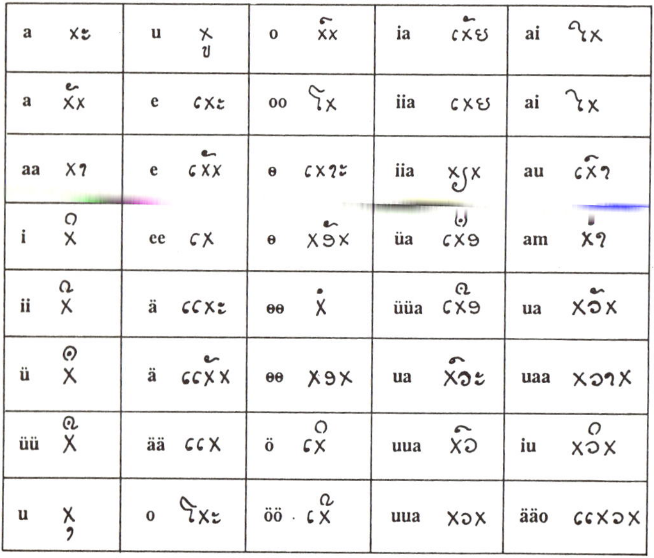

Anmerkung: Das x symbolisiert einen beliebigen Konsonanten.

Darüber hinaus existieren vier Tonalzeichen, von denen gegenwärtig jedoch nur die oberen beiden gebräuchlich sind.

x່	mai eek	x້	mai thoo
x໊	mai tii	x໋	mai sattawaa

Will man nun aus diesen Puzzleteilen ein Wort zusammensetzen, nimmt man den Anfangskonsonanten, und schreibt die Vokale um ihn herum. Darauf setzt man, wenn nötig, das Tonalzeichen.

ມ	– m +	xາ	– aa	= ມາ – maa kommen
ມ	– m +	xີ	– ii	= ມີ – mii haben
ມ	– m +	ແx	– ää	= ແມ – mää Mutter

Hat die Silbe noch einen Schlußkonsonanten, wird er rechts angefügt:

ມ	– m + ແx	– ää	+ ນ	– n	= ແມ່ນ	– mään	sein

Auch für die Zahlen gibt es laotische Zeichen (s. Kapitel "Zahlen und Zählen").

Traditionell werden alle Silben, Buchstaben und Sätze ohne Zwischenraum und Satzzeichen geschrieben. Glücklicherweise werden heute immer häufiger Satzzeichen benutzt, aber Achtung! Ein gesundes Mißtrauen gegenüber den vorgefundenen Kommata und Punkten ist angebracht!

Nun, da Sie die Schrift gesehen haben, können Sie ja einmal versuchen, ein paar Aufschriften von den großen, zumeist roten Plakaten zu entziffern, die an jeder Einrichtung oder Institution angebracht sind.

hoong–hääm
Gebäude–nächtigen
Hotel

ໂຮງແຮມ

haan–aahaan
Einrichtung–Nahrung
Restaurant

ຮ້ານອາຫານ

haan–kin–düüm
Einrichtung–essen–trinken
Imbißstand

ຮ້ານກິນດື່ມ

hoong–moo
Gebäude–Arzt
Krankenhaus

ໂຮງໝໍ

hoong–paisanii
Gebäude–Post
Postamt

ໂຮງໄປສະນີ

Die Töne

Im Laotischen gibt es **sechs verschiedene Töne.** Über die genaue Anzahl und deren Klassifizierung sind sich die Sprachwissenschaftler nicht einig, was nicht zuletzt darin begründet liegt, daß sich die Töne in den verschiedenen Landesteilen unterscheiden. Deshalb kann es Leser geben, die das im folgenden vorgestellte Tonsystem durch ein anderes ersetzt sehen möchten. Weitgehend einig sind sich alle Fachleute jedoch über die unten als 1., 3. und 6. Ton bezeichneten Töne. Diese zeichnen sich durch durch eine markante Stimmführung aus. Die hier als 2., 4. und 5. bezeichneten Töne verlaufen weitgehend gleichförmig in der jeweiligen Tonhöhe. Aber welches Wort nun in welcher Höhe intoniert werden muß, darüber streitet die Wissenschaft.

Sechs Töne bedeuten also, daß ein von der Aussprache (nicht vom Schriftbild) her gleiches Wort bis zu sechs Bedeutungen haben kann, je nachdem, in welchem Tonfall man es 'singt'. Bildlich könnte man sich das ungefähr folgendermaßen vorstellen. Die Linie gibt die normale Tonhöhe beim Sprechen an.

1.	2.	3.	4.	5.	6. Ton
khaa Bein ຂາ	**khaa** unerledigt ຂ່າ	**khaa** handeln ຄ້າ	**khaa** Preis ຄ່າ	**khaa** Elefan- tengras ຄາ	**khan** töten ຂ້າ

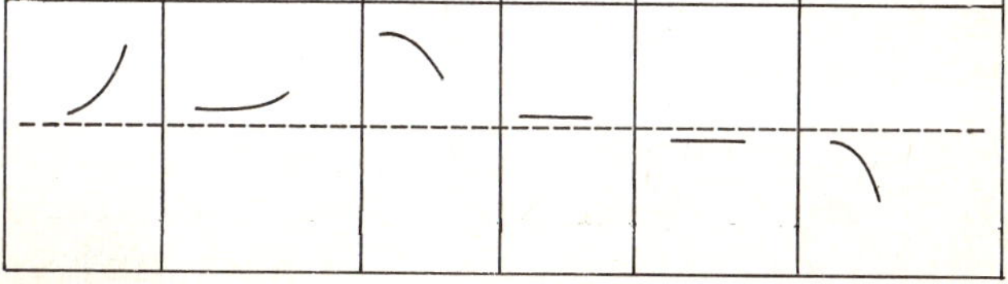

Welche Silbe nun mit welchem Ton ausgesprochen wird, hängt von der Art des Anfangskonsonanten, der Länge des Vokals und von der Art der Silbe (mit oder ohne Schlußkonsonant) ab. Und dann haben die über den Silben geschriebenen Tonzeichen noch ein Tönchen mitzureden. Alles in allem eine verwirrende Angelegenheit, mit der sich der Leser dieses Büchleins jedoch nicht belasten muß, da meine Beobachtungen davon zeugen, daß man zu Anfang auch ohne Töne auskommt. Natürlich ist das ein Kompromiß, der mir aber notwendig und möglich scheint. Ich habe immer wieder erlebt, daß Ausländer trotz völliger Unkenntnis der Töne von den Laoten verstanden wurden.

Wer sich jedoch weitergehend mit der Sprache beschäftigen will, sollte sinnvollerweise die Töne zugleich mit der Schriftsprache erlernen. Allerdings gibt es dafür kein deutsches Lehrbuch. Sollte sich dennoch jemand an diese Problematik wagen, empfehle ich dringend, sich immer nur an das einmal gewählte System zu halten. Außerdem kann man sich die Sache erleichtern, indem man nur die markanten Töne 1, 3 und 6 trainiert und den Rest im 4. ausspricht. Eine wertvolle Hilfe auch für den weniger ambitionierten Lao-Jünger bietet die **Begleitkassette zu diesem Buch.**

Natürlich ist das gemeinsame Üben mit einem Muttersprachler unersetzbar, aber bitte nicht erstaunt sein, wenn nach mehreren Trainingsrunden nichts mehr geht, sich der laotische Sprecher selbst zu widersprechen scheint und ein System immer weniger erkennbar wird. Des Rätsels Lösung: Dem Durchschnittslaoten sind die Töne nicht bewußt. Er spricht eben so, aber wehe, er soll es bewußt vorexerzieren!

Aussprache

Die Aussprache laotischer Wörter bildet für Deutsche kein unüberwindbares Hindernis, im Gegenteil.

Bei den Konsonanten ist zwischen den unbehauchten **k, p, t** und ihren stark behauchten Pendants **kh, ph, th** zu unterscheiden. Im Deutschen werden diese drei Konsonanten vor Vokalen in der Regel schon behaucht. Verstärkt man diesen Effekt, indem man bewußt hinter dem Konsonanten ein **h** spricht, ist der für Laotisch nötige Effekt schon erreicht. Umgekehrt ist für die Aussprache der unbehauchten **k, p** und **t** darauf zu achten, daß der Hauchеffekt bewußt unterdrückt, der Konsonant hart ausgesprochen wird. Zur Selbstkontrolle halte man sich die Hand vor den Mund. Jetzt darf beim Sprechen kaum noch ein Lüftchen spürbar sein.

Die meisten laotischen Vokale werden ähnlich wie im Deutschen ausgesprochen. Folgende **Unterschiede** sind jedoch zu beachten:

● Die mit **ü** und **ö** gekennzeichneten Laute werden nicht im vorderen Bereich des Mundraumes, sondern im hinteren gebildet. Ansatzweise richtig trainiert man das, indem man die Laute "stöhnt". Besser übt es sich natürlich mit einem Laoten.

● Im Laotischen wie im Deutschen ist zwischen dem offenen **o** (wie in Loch) und dem geschlossenen **o** (wie in Ofen) zu unterscheiden. In der Umschrift wird das **offene o** durch einen Punkt im Innern gekennzeichnet: **ɵ**.

● Die **Länge der Vokale** ist sinnunterscheidend, z.B.
kurzes **a** : **pa** = lassen, aufgeben
langes **a** : **paa** = Wald

Wird ein Wort mit falscher **Vokallänge** ausgesprochen, kann es zu Verständigungsproblemen kommen, noch dazu, wo schon auf die Töne verzichtet wurde. Deshalb präge man sich die Wörter von Beginn an mit richtiger Vokallänge ein. In der Umschrift stehen doppelte Vokale für lang gesprochene. Treffen in einem Wort zwei Vokale oder Silben aufeinander, die getrennt zu sprechen sind, wird dies durch einen Querstrich verdeutlicht, z.B.:

sa/aat	sauber, rein
pa/njook	Satz

/ Der Querstrich mit Leerzeichen davor und danach jedoch trennt in Beispielen austauschbare Varianten, z.B.:

khon laao / thai
Mensch laotisch / thailändisch
Laote / Thailänder

● Die **Zwielaute,** wie z.B. **ia, ua, ai** usw., werden beim Sprechen zusammengezogen. Einige Zwielaute gibt es als kurze und lange Variante. Bei der langen Variante wie **iia** oder **uua** wird der erste Teilvokal etwas länger ausgesprochen als der zweite.

● Die **Betonung der Wörter** entsteht durch automatisches Hervorheben der lang gesprochenen Vokale. Was die Satzmelodie anbelangt, so sei auch hierbei auf die Tonkassette und die "lebenden Wörterbücher" verwiesen. Jeder Laote wird gern bereit sein, mit einem Ausländer zum beiderseitigen Vergnügen die laotische Aussprache zu üben.

Phonetische Umschrift	Besonderheiten	ähnlich wie in
k	unbehaucht	Sack, Fleck*
kh	behaucht	kaufen, Kugel
ng	nasaliert	Finger, Balkon
tj		tja

s	immer stimmlos	Kasse, fast
ŋj		wie russ. njet
d		Dora, Deich
t	unbehaucht	Bett, Kitt*
th	behaucht	Thema, Tasse
b	weich	Bar, Werbung
p	unbehaucht	Preis, privat*
ph	behaucht	Pause, pusten
f		faul, Finger
h	stark behaucht	Haus, Himmel
üü	"gestöhnt" (s.o.)	
ee	kein ä !	Leben, kehren
ää		Fähre
oo	geschlossen	Opa, Ofen
ɵɵ	offen	offen, Ort
öö	"gestöhnt" (s.o.)	
iia	zusammengezogen	Siam (wie: *ija*)
iiu	zusammengezogen	wie: iju
eu	zusammengezogen	Leute
oi	geschlossenes o!	Boing (jedoch zusammengezogen)

* Diese deutschen Beispiele sind nicht ganz exakt, es sei denn, das "k" am Ende würde mehr als "g" ausgesprochen. Man beachte deshalb die Hinweise zu Beginn dieses Kapitels.

Wörter, die weiterhelfen

Kommt man in ein fremdes Land, können schon einige wenige Wörter eine sehr wichtige Hilfe bedeuten. Für Laos sollte man sich folgende vielseitig verwendbare Ausdrücke einprägen. Anstelle der Punkte kann man einfach Begriffe in unveränderter Form einfügen, die man sich z.B. aus dem Wörterverzeichnis im Anhang herausgesucht hat.

... mii bɵɵ?
... haben FP?
Gibt es ... ?

... mii*
... haben
Es gibt ...

... bɵɵ mii*
... nicht haben
Es gibt nicht/kein ...

... **juu-sai**?
... befinden-wo?
Wo befindet sich ... ?

hoong-hääm	Gebäude-nächtigen	Hotel
hѳѳng phak	Zimmer ausruhen	Zimmer (für Gäste)
hoong-mѳѳ	Gebäude-Arzt	Krankenhaus
hoong-paisanii	Gebäude-Post	Postamt
thoolasap	Telefon	Telefon
tjѳѳd-lot-mee	stoppen-Auto-Post	Bushaltestelle
talaat		Markt
haan-kin-düüm	Einrichtung-essen-trinken	Imbißstand
haan-aahaan	Einrichtung-Nahrung	Restaurant
khüüang-kin	Ding-essen	Eßwaren
khüüang-düüm	Ding-trinken	Getränke

* Die Fragepartikel bѳѳ und die Verneinung bѳѳ werden gleich geschrieben und gesprochen. Der Sinnunterschied resultiert aus der unterschiedlichen Stellung im Satz.

an nii thau-dai?
Ding dieses gleich-wie?
Wieviel kostet das?

Die Antwort kann man sich aufmalen lassen. Viel Spaß beim Handeln!

sabai dii
gesund gut
Guten Morgen/Tag/Abend!
Auf Wiedersehen!

khѳѳp-tjai
antworten-Seele
Danke!

tjau	**bѳѳ**
ja	nein

Hauptwörter (Substantive)

Von einigen Ausnahmen abgesehen unterscheiden sich die Hauptwörter im Laotischen nicht durch besondere Kennzeichen von anderen Wortarten. Angelehnt an europäische Sprachen werden im Laotischen immer häufiger Verben und Adjektive substantiviert. Dies geschieht, indem die Silben **kaan** bzw. **khwaam** vor das betreffende Wort gesetzt werden. Während **kaan** vorwiegend zur Darstellung von Handlungen benutzt wird, verdeutlicht **khwaam** vor allem abstrakte Begriffe und Zustände:

khit	denken	**kaan-khit** **khwaam-khit**	das Denken der Gedanke
hak	lieben	**kaan-hak** **khwaam-hak**	das Lieben die Liebe
nak	schwer	**khwaam-nak**	das Gewicht

kaan bezeichnet aber auch ein Sachgebiet:

bin	fliegen	**kaan-bin**	das Fliegen das Flugwesen
kaan-bin laao HW-fliegen laotisch		Laotische Fluggesellschaft	

Ein Hauptwort drückt sowohl Einzahl als auch **Mehrzahl** aus. Die Konkretisierung erfolgt entweder durch den Sinnzusammenhang im Satz oder den Zusatz von Zahl- oder Mengenbegriffen.

Bei der Bildung **zusammengesetzter Hauptwörter** ist zu beachten, daß im Gegensatz zum Deutschen das näher zu bestimmende Wort, also das Bezugswort, vorn steht und die nähere Bestimmung folgt:

hoong-mɵɵ = Krankenhaus (Arzt-Haus)
Gebäude-Arzt

hɵɵng-naam = Bad, Toilette (Wasser-Zimmer)
Raum-Wasser

Wie schon erwähnt, besticht das Laotische durch das Fehlen jeglicher Fälle und Beugung. **Artikel und grammatikalisches Geschlecht** existieren ebenfalls nicht.

Um das Geschlecht von Personen oder Tieren zu kennzeichnen, werden dem Bezugswort Geschlechtswörter nachgestellt. Für Personen/Menschen (**phuu**) sind das:

saai	männlich
saau	weiblich (für junge Mädchen)
njing	weiblich (für Frauen)
phuu-saai	Junge, Mann
phuu-saau	Mädchen
phuu-njing	weibliche Person (allgem.), Frau

Diese Begriffe können selbstständig oder in zusammengesetzten Hauptwörtern benutzt werden:

luuk-saai	**luuk-saau**	**nak-hian phuu-njing**
Kind-männlich	Kind-weiblich	Person-lernen Person-weiblich
Sohn	Tochter	Schülerin

Nak kommt nur im Wortzusammensetzungen vor und bedeutet eine Person, die durch gemeinsame Merkmale wie Tätigkeit, Beruf und ähnlichem zu einer Gruppe von Menschen gehört (hier: Schüler).

Bei Tieren wird **too-phuu** (= Stück-Vater) für männlich und **too-mää** (= Stück-Mutter) für weiblich nachgesetzt.

Dieses und Jenes, Hier und Dort

Wie alle anderen Ergänzungen zum Hauptwort stehen im Laotischen auch die hinweisenden Fürwörter:

nii	dieser, diese, dieses, diese (Mz.)
nan	jener, jene, jenes, jene (Mz.)

im Gegensatz zum Deutschen hinter dem Hauptwort:

püüm nii	dieses Buch	**püüm nan**	jenes Buch
phuu nii	dieser Mensch	**phuu nan**	jener Mensch

Im Prinzip könnten diese Beispiele auch in der Mehrzahl übersetzt werden. Die Entscheidung, ob Einzahl oder Mehrzahl gemeint ist, hängt, wie gesagt, vom Sinnzusammenhang und /oder Ergänzungen, wie Zahlen oder Mengenwörter ab. Bei Menschen kann man die Mehrzahl durch die Wörter **phuuak nii** (= diese) und **phuuak nan** (= jene) kennzeichnen:

dek–neu phuuak nii diese Kinder
Kind–klein MZ. diese

dek–neu phuuak nan jene Kinder
Kind–klein Mehrz. jene

Stellt man **nii** und **nan** hinter das Wort **thii** (= Ort, Stelle) so ergibt das:

thii nii	hier	**thii nan**	dort

Darüber hinausgehend bezeichnet das Wort **phun** (=dort) einen Ort, der sehr weit entfernt liegt, eine andere Straße, eine andere Stadt oder gar ein anderes Land. Das Gegenstück dazu heißt **phii** (= hier), der Ort, an dem sich der Sprecher befindet.

Eigenschaftswörter (Adjektive)

Die Eigenschaftschaftswörter sind wie alle anderen Wortarten unveränderlich und stehen im Gegensatz zum Deutschen hinter dem Hauptwort. Das Hilfsverb "sein" wird nicht gebraucht. Deshalb könnte man die folgenden Beispiele auch so übersetzen: Die Stadt ist klein. Die Frau ist schön. Die Eigenschaftswörter fungieren zugleich auch als Umstandswörter.

müüang neu
Stadt klein
kleine Stadt

phuu-njing ngaam
Mensch-weiblich schön
schöne Frau

Häufig gebrauchte Eigenschaftswörter

neu	klein	**njai**	groß
neu	wenig	**laai**	viel
bau	leicht	**nak**	schwer (Gewicht)
ngaai	einfach	**njaak**	schwierig
ɵɵn	weich	**khääng**	hart
baang	dünn	**naa**	dick
san	kurz	**njaau**	lang (örtl.)
tam	niedrig	**suung**	hoch
mɵɵ	nah	**kai**	fern
num	jung	**thau**	alt (Menschen)
mai	neu	**kau**	alt (Dinge)
san	kurz	**don**	lange (zeitl.)
san	kurz	**njaau**	lang (Ding)
saa	langsam	**wai**	schnell
dii	gut	**bɵɵ dii, sua**	schlecht*
muuan	lustig	**ngau**	eintönig, trist
thüük	billig	**phääng**	teuer
thuük	richtig	**phit**	falsch
sa/aat	sauber	**püüan**	schmutzig
tjääng	hell	**müüd**	dunkel
khiikhaan	faul	**duman**	fleißig
thuk	arm	**hangmii**	reich
naau	kalt	**hɵɵn**	heiß

* Die Laoten ziehen es vor, anstelle von **sua** (= schlecht) **bɵɵ dii** (= nicht gut) zu sagen. Hier manifestiert sich der Nationalcharakter. Es ist empfehlenswert, in dieser Art schnell und ohne mühsam nach Vokabeln zu suchen, ein gegenteiliges Adjektiv zu bilden.

bɵɵ phääng
nicht teuer
nicht teuer, billig

bɵɵ wai
nicht schnell
nicht schnell, langsam

Gleichheit

Um die gleiche Quantität (Menge, Größe, Anzahl) zweier Dinge auszudrücken, können **thəə kan kap** oder (gleich sich mit) oder **khüü kan kap** (gleich sich mit) benutzt werden. Dabei steht **thəə kan kap** für eine meßbare Menge und **khüü kan kap** sowohl dafür, als auch für nicht meßbare Eigenschaften (schön, fleißig ...). Wer auf diesen kleinen Bedeutungsunterschied verzichten kann, benutze nur **khüü kan kap**. Die Konstruktion ist beide Male gleich:

suung thəə kan (kap ...)
hoch gleich sich (mit ...)
ebenso hoch (wie ...)

suung khüü kan (kap ...)
hoch gleich sich (mit ...)
gleich hoch (wie ...), auch hoch

Nun noch ein paar Beispiele:

lot nii ŋjai thəə kan kap lot nan.
Fahrzeug dieses groß sich mit Fahrzeug jenes.
Dieses Auto ist genau so groß wie jenes.

mää thau khüü kan kap phəə.
Mutter alt gleich sich mit Vater
Die Mutter ist genauso alt wie der Vater.

Steigerung

Will man ausdrücken, daß z.B. etwas "besonders, sehr... schön ist", reicht es, das Adjektiv zu wiederholen. Stellt man **laai** (= viel) hinter das Adjektiv, wird der gleiche Effekt erzielt.

ngön laai laai
Geld viel viel
sehr viel Geld

sääp sääp
schmackhaft schmackhaft
sehr schmackhaft

sääp laai
schmackhaft viel
sehr schmackhaft

● Zur Bildung der **1. Steigerungsform** benutzt man das Wort **kwaa** (= mehr), das wiederum hinter dem Adjektiv steht.

muuan kwaa	**thüük kwaa**
lustig mehr	billig mehr
lustiger	billiger

Das Wort **kwaa** ist kein eigenständiges Adjektiv. "Mehr" wird deshalb völlig logisch mit **laai kwaa** (= viel mehr) übersetzt.

kwaa wird auch zum Vergleich benutzt. Der Gebrauch ist denkbar einfach. Der Ausdruck, mit dem man etwas vergleicht, wird ohne jedes Verhältniswort hinter **kwaa** angefügt:

hɵɵng nii phääng kwaa hɵɵng nan.
Zimmer dieses teuer mehr Zimmer jenes.
Dieses Zimmer ist teurer als jenes.

luuk–saau num kwaa luuk–saai.
Kind–weiblich jung mehr Kind–männlich.
Die Tochter ist jünger als der Sohn.

● Für die **2. Steigerungsform** gibt es zwei Formen mit einem kleinen Bedeutungsunterschied. Während **kwaa muu** (= mehr alle) dem deutschen "am ...sten (von allen)" entspricht (relativer Superlativ), bedeutet **thii sut** (= am äußersten) einen besonders hohen Grad der entsprechenden Eigenschaft (z.B. am besten) (absoluter Superlativ). Für den Anfänger reicht die Konstruktion mit **kwaa muu** aufgrund der Ähnlichkeit mit der 1. Steigerungsform aus.

miia ngaam thii sut.
Ehefrau schön am äußersten.
Die Ehefrau ist äußerst schön.

wat nii kau kwaa muu.
Pagode diese alt mehr alle.
Diese Pagode ist älter als alle = ist am ältesten.

Farben

Die Adjektive zur Kennzeichnung der Farben werden grundsätzlich zusammen mit dem Hauptwort **sii** (= Farbe) benutzt und stehen wie alle Adjektive hinter dem Hauptwort.

sii khaau	weiß	**sii dam**	schwarz
sii dääng	rot	**sii lüüang**	gelb
sii khiiau	grün	**sii khiithau**	grau
sii faa Farbe Himmel	blau	**sii namtaan** Farbe Zucker	braun

hiip sii dam
Koffer Farbe schwarz
schwarzer Koffer

süüa sii faa
Hemd Farbe Himmel
blaues Hemd

Persönliche Fürwörter (Personalpronomen)

Den deutschen persönlichen Fürwörtern entsprechen im Laotischen meist mehrere Varianten, deren Gebrauch von der sozialen Stellung, dem Alter und den persönlichen und verwandtschaftlichen Beziehungen der Personen abhängt. In den folgenden Tabellen ist eine Auswahl in Hinblick auf die Bedürfnisse des Ausländers getroffen worden d.h. mittlere Höflichkeitsstufe.

allgemein für Erwachsene:

ich	**kheu, hau***	
du	**tjau, too***	
er,sie	**laao** der Laote	für konkret bekannte Person
	khau	allgemein
	phön	allgemein, mehr im Sinne von "man"
es	**man**	nur für Dinge, nicht etwa Kind
wir	**phuuak-hau** Mehrz.-ich	
ihr	**phuuak-tjau** Mehrz.-Sie	auch Anrede für mehrere Personen
sie	**khatjau**	
Sie	**tjau***	Anrede

* **tjau** kann bei einem guten Kontakt mit dem betreffenden Laoten die Färbung des "du" annehmen. Ist man wirklich gut befreundet, kann man den anderen mit **too** (= du) anreden. Sich selbst bezeichnet man dann allerdings mit **hau**

offiziell:

ich	**khaa-pha/tjau**	Sklave-Ihr
er	**thaan**	Herr
sie	**thaan**	Herr
wir	**phuuak khaa-pha/tjau**	Mehrz. Sklave-Ihr
sie	**phuuak thaan**	Mehrz. Herr
Sie	**thaan, thaan-naang**	Herr, Herr-Frau

● Abhängig von der konkreten Gesprächssituation können auch andere Pronomen, Verwandschaftsbezeichnungen und **sahaai** (= Genosse, Kollege) an die Stelle der hier genannten Personalpronomen treten. Näheres siehe im Kapitel "Anrede".

Besitzanzeigende Fürwörter

(Possesivpronomen)

Spezielle besitzanzeigende Fürwörter existieren im Laotischen nicht. Besitz oder Zugehörigkeit werden durch das Wort **khoong** (= von) zwischen dem Hauptwort und dem entsprechenden persönlichen Fürwort oder Hauptwort ausgedrückt.

mää khoong kheu
Mutter von ich
meine Mutter

patheet khoong tjau
Land von Sie
Ihr Land

In kurzen und eindeutigen Wortverbindungen wird **khoong** auch weggelassen.

hüüan khatjau
Haus sie
ihr Haus

phoo-mää phuuak-hau
Vater-Mutter Mehrz.-ich
unsere Eltern

Bezieht sich der Besitz auf das Subjekt (außer persöhnliche Fürwörter in der 1. und 2. Person), wird der Besitzer durch **khoong** und das rückbezügliche Fürwort **ton** (= sich) ausgedrückt.

laao phop phoo khoong ton.
Er treffen Vater von sich.
Er trifft seinen Vater.

Wortstellung im Satz

Die prinzipielle Wortstellung im laotischen Satz lautet:

Subjekt - Prädikat - Objekt

Dieser Satzaufbau verändert sich auch nicht in Frage- oder Nebensätzen. Umstandsbestimmungen des Ortes, der Zeit und des Grundes können am Satzanfang oder -ende ergänzt werden, Umstandsbestimmungen der Art und Weise stehen immer am Satzende.

Tätigkeitswörter (Verben)

Die laotischen Tätigkeitswörter unterscheiden sich äußerlich nicht von anderen Wörtern. Zumeist handelt es sich um einsilbige Wörter, z.B. **het** (= machen), **pai** (= gehen), **hen** (= sehen) usw.

Öfter werden aber auch zwei Verben mit ähnlicher Bedeutung als Verbpaar gebraucht, um die Art der Handlung genauer zu beschreiben oder um den Sprechrythmus wohlklingender zu gestalten:

phak-phɵɵn
ausruhen-entspannen
ausruhen, erholen

suuai-lüüa
helfen-helfen
helfen

Auch die Tätigkeitswörter werden nicht gebeugt. Die verschiedenen Zeiten und Formen werden mit Hilfswörtern wie **dai, tja** und **si** (s.u.) gebildet. Zur Bildung der Zeiten werden also keine Hilfsverben benötigt. Ist durch den Sinnzusammenhang oder durch beigefügte Zeitwörter schon klar, wann sich die Handlung vollzieht/vollzog, werden diese Hilfswörter jedoch oft weggelassen.

Vergangenheit

Im Laotischen gibt es nur eine Vergangenheitsform, bei der das Hilfswort **dai** vor das Verb gesetzt wird.

aa/tjaan dai aan püüm. Lehrer Verg. lesen Buch.	Der Lehrer las ein Buch (hat ein Buch gelesen).

Der Abschluß einer Handlung wird noch durch das Wort **lääo** (= fertig, vorbei) am Satzende verstärkt.

lot–taksi dai maa lääo.
Wagen–Taxi Verg. herbewegen fertig.
Das Taxi ist schon gekommen.

Zukunft

Um zukünftige Handlungen auszudrücken, setzen die Laoten die Hilfswörter **tja** und **si** vor das Verb. Ein wesentlicher Bedeutungsunterschied besteht zwischen den beiden Varianten nicht.

phuuak–hau tja pai Savannakhet.
Mehrz.–ich Zuk. wegbewegen Savannakhet.
Wir werden nach Savannakhet fahren.

Rückbezügliche Form

Spezielle rückbezügliche Tätigkeitswörter gibt es im Laotischen nicht. Der Rückbezug ist oft schon im Verb enthalten, z.B.:

kheu ŋjääm wään.
Ich betrachten Spiegel.
Ich betrachte mich im Spiegel.

Muß man dennoch eine reflexive Handlung ausdrücken, gebraucht man das rückbezügliche Fürwort **ton** (= sich) und **eeng** (= selbst.

luuk laang ton eeng.
Kind waschen sich selbst.
Das Kind wäscht sich.

Befehlsform

Schon das Tätigkeitswort allein drückt eine Aufforderung aus:

pai	Geh! Gehen Sie! Geht! Gehen wir!
böng	Schau! Schauen Sie! ...
au	Nimm! ...

Verstärkt wird die Aufforderung, indem man das Verb wiederholt. Für viele Fälle wird diese Befehlsform schon ausreichend sein. Die ganze Palette von der höflichen Aufforderung bis zum strengen Befehl wird [illegible], d.h. nicht übersetzbare Hilfswörter, ausgedrückt, die an das Satzende gestellt werden. Verzweifeln Sie nicht, wenn Sie einmal beim Gebrauch danebengreifen. Ihr laotischer Gesprächspartner wird es verzeihen. Für die Mehrzahl der Situationen paßt **dää.**

duu	sehr höfliche Bitte
dää	höfliche Bitte
döö	starke Aufforderung
mää	sehr starke Aufforderung, nicht gegenüber Älteren gebrauchen!
tii	Befehl, nicht gegenüber Älteren

au dää!	Bitte nimm/nehmen Sie!
au döö!	Nimm! Nehmen Sie!
au mää!	Los nimm/nehmen Sie!
au tii!	So nimm/nehmen Sie schon!

Einige häufig gebrauchte Tätigkeitswörter

sein

In Abhängigkeit vom konkreten Zusammenhang kann das deutsche Verb "sein" durch folgende Varianten ausgedrückt werden:

- durch **mään** (= sein).

an/nii mään püüm.
Das sein Buch.
Das ist ein Buch.

- durch **pen** (= sein).

tjau pen khon laao.
Sie sein Mensch laotisch.
Sie sind Laote.

Der Unterschied im Gebrauch von **mään** und **pen** ist gering und wird sich dem Anfänger nur schrittweise erschließen. Als Faustregel kann gelten, daß **mään** für Dinge und **pen** für Personen benutzt wird.

- durch **juu** (= befinden).

khon-tjep juu hoong-mɵɵ.
Mensch-krank befinden Gebäude-Arzt.
Der Kranke ist (befindet sich) im Krankenhaus.

- In Sätzen mit einem unpersönlichen Subjekt (man, das, usw.) oder Sätzen mit einem Umstandswort als Satzaussage wird das Verb "sein" nicht gebraucht (s.a. Kapitel "Eigenschaftswörter").

aa/kaat naau.
Wetter kalt.
Das Wetter ist kalt.

an/nii khɵɵng kheu.
Das von ich.
Das ist mein's.

haben

Dem deutschen Verb "haben" (im Sinne von besitzen) entspricht das laotische **mii**. Dessen Bedeutung ist jedoch breiter und kann auch mit "vorhanden sein, anwesend sein ..." übersetzt werden.

dek–neu mii khüüang–lin.
Kind–klein haben Ding–spielen.
Das Kind hat Spielzeug.

ngön kiip mii.
Geld Kip haben.
Kip sind vorhanden.
(Kip ist die laotische Währung.)

können

● Im Sinne von "fähig sein" (wissen, wie es gemacht wird) durch **pen** (= sein) am Ende des Satzes.

khau paak phaasaa laao pen.
Er sprechen Sprache laotisch sein.
Er kann Laotisch.

● Im Sinne von "in der Lage sein" durch **saa/maat** (= fähig sein) vor dem Verb.

mɵɵ saa/maat suuai tjau.
Arzt fähig helfen du/Sie.
Der Arzt kann Ihnen helfen.

● Im Sinne von "die Möglichkeit haben" durch **dai** (vergl. "dürfen") nach dem Verb bzw. am Satzende.

phuuak–hau phop kan dai.
Mehrz.–ich treffen sich können.
Wir können uns treffen.

Da die erste Form mit **pen** nur in wenigen Situationen gebraucht wird, kann man sich anfangs vor allem mit der dritten Form gut verständigen.

dürfen

Das Wort **dai** in der Bedeutung "dürfen, können, erlaubt sein" wird an das Satzende gestellt oder einzeln als Antwort auf die Frage, ob irgend etwas erlaubt ist, gebraucht.

suup jaa dai.
Saugen Tabak dürfen.
Rauchen ist erlaubt.

dai.
Dürfen.
Ja.

wollen

● Im Sinne von "etwas tun wollen" durch jaak (= wollen) vor dem Verb.

kheu jaak hiien nangsüü.
Ich will lernen Schrift.
Ich will schreiben lernen.

● Im Sinne von "etwas besitzen wollen" durch **jaak dai** (= wollen bekommen) oder **tøøng kaan** (= müssen Ding) vor dem entsprechenden Gegenstand.

phuu-njing jaak dai khüüang-ee.
Mensch-weiblich wollen bekommen Gegenstand-schmücken.
Frauen wollen Schmuck.

Richtungsverben

Im Laotischen gibt es einige sehr oft verwendete Verben, die die Richtung einer Bewegung verdeutlichen. Bezugspunkt ist dabei der Ort des Sprechers bzw. der beschriebene Ort.

pai	vom Betrachter/Sprecher weg
maa	zum Betrachter/Sprecher hin
khün	nach oben
long	nach unten
ɵɵk	hinaus, vom Betrachter/Sprecher weg

Werden diese Verben allein verwendet, können sie je nach Situation mit (hoch–, runter–, weg–) laufen, gehen, fliegen, fahren usw. übersetzt werden, z.B.:

hüüa–bin pai paaksee.
Boot–fliegen hinbewegen Paksé.
Das Flugzeug fliegt nach Paksé.

lot pai paaksee.
Fahrzeug hinbewegen Paksé
Das Auto fährt nach Paksé.

Um die Art der Bewegung genauer zu charakterisieren, wird noch ein weiteres Verb vor das Richtungsverb gesetzt, z.B.:

njaang	zu Fuß gehen	**lään**	laufen
bin	fliegen	**doot**	springen

lään maa	herlaufen
lään pai	hinlaufen
lään khün	hochlaufen
lään long	hinunterlaufen
lään ɵɵk	herauslaufen

too–maa lään pai.
Stück–Hund laufen wegbewegen.
Der Hund läuft weg.

too–nok bin maa.
Stück–Vogel fliegen herbewegen.
Der Vogel kommt geflogen.

Ähnlich wirken **pai** und **maa** im Zusammenhang mit **au** (= nehmen):

au ... pai
nehmen ... hinbewegen
(weg)bringen

au ... maa
mehmen ... herbewegen
(her)holen

weitere Verben

Wie auch im Deutschen ist zwischen den folgenden Verben zu unterscheiden:

tøøng	müssen	→	**khuuan**	sollen
paak	sprechen	→	**wau**	sagen
hen	sehen	→	**böng**	anschauen

hai

Für das Verständnis vieler Konstruktionen ist die Kenntnis des Wortes **hai** wichtig. Dieses Wort tritt als vermittelndes Element zwischen das Subjekt der Handlung und das Objekt. Hilfsweise kann man sich die Bedeutung dieses Wortes mit "übergeben, übermitteln" verdeutlichen.

au ... hai ...
nehmen ... übergeben an...
(etwas jemandem) geben

au khau hai luuk
nehmen Reis übergeben Kind
dem Kind Reis geben

Gebraucht man dieses Beispiel ohne "Kind", bedeutet es einfach "Reis bringen", weil gedanklich vorausgesetzt wird, daß der Reis ja nicht nur ergriffen, sondern auch irgend jemandem gebracht wird, ohne schon konkret zu wissen, wem.

Läßt man wiederum das Verb **au** weg, bedeutet das Beispiel "Reis für das Kind", da gedanklich vorausgesetzt wird, daß irgend jemand den Reis gebracht hat. In diesem Sinn wird also **hai** als Präposition "für" gebraucht.

hai kann auch vermitteln, indem es ausdrückt, daß der Wille einer Person auf eine andere einwirkt und diese veranlaßt, etwas zu tun.

kheu jaak hai tjau süü khüüang.
Ich wollen übertragen Sie kaufen Ding.
Ich möchte, daß Sie einkaufen.

Noch deutlicher wird der Sinn dieser Konstruktion, wenn man **het** (= machen, tun) vor **hai** setzt. Diese Form ist sehr gebräuchlich und leistet auch dem Anfänger gute Dienste.

kheu het hai tjau dii tjai.
Ich machen einwirken Sie gut Geist.
Ich mache Sie froh.
(Ich wirke so auf Sie, daß Sie froh sind.)

Zum Schluß dieses etwas komplizierteren Abschnittes über die Verben noch ein laotisches Sprichwort, das etwas über das Verhalten im tropischen Klima sagt. Die Wirkung von **hai** ist gut zu erkennen:

jaak saa hai lään, jaak wai hai khaan!
Wollen langsam einwirken laufen, wollen schnell einwirken kriechen!
Willst du langsam sein, so laufe, willst du schnell sein, so krieche!
Oder zu gut Deutsch: Eile mit Weile!

Verhältniswörter (Präpositionen)

Verhältniswörter stehen wie im Deutschen vor dem Wort, auf das sie sich beziehen. Häufig übernehmen auch Verben die Funktion von Verhältniswörtern. Der Einfachheit halber wird im folgenden nur eine kleine Auswahl von wichtigen Verhältniswörtern aufgeführt, ohne auf feine Bedeutungsunterschiede einzugehen.

örtlich

juu befinden	am
tää	von, aus
haa	nach
hoot	bis, zu
nai, khau-nai hineingehen-in	in (drinnen), (hinein)
thöng	auf
koong	unter
taam	entlang
juu-khaang befinden-Seite	neben
juu-thaang-lang befinden-Weg-hinten	hinter
juu-thaang-naa befinden-Weg-Gesicht	vor
lawaang	zwischen

pai taam khääm mää-nam
wegbewegen entlang Ufer Mutter-Wasser
den Fluß entlang gehen

nang juu-khaang hüüan
sitzen befinden-Seite Haus
neben dem Haus sitzen

zeitlich

nai	am, in
tjon	bis
tää	seit
lang-tjaak hinten-seit	nach, nachdem
koon	vor
lawaang	zwischen

tää müü-waan-nii
seit Tag-vor-dieser
seit gestern

nai soong müü
in zwei Tag
in zwei Tagen

sonstige

samlap	für (Personen)
phüüa	für (abstrakt)
hai	für (s. Kap.Verben)
njeen	wegen
kheeng	von (Besitz)

thiilanük samlap miia
Andenken für Frau
ein Andenken für die Frau

phüüa sukhaphaap!
Für Gesundheit!
Auf die Gesundheit!

Den letzten Satz sollte man sich einprägen, ist er doch der beliebteste Trinkspruch, wenn der meist lauwarme laotische Reisschnaps **lau laao** zusammen mit ausländischen Gästen getrunken wird.

Umstandswörter (Adverbien)

Eigenschaftswörter haben ohne Veränderung und Hilfsverb auch die Funktion von Umstandswörtern.

● Wie im Deutschen steht die **Umstandsbestimmung der Art und Weise** hinter dem Verb:

phuuak-hau pai wai.
Mehrz.-ich wegbewege schnell.
Wir gehen schnell.

nak-kila dood khün suung.
Person-Sport springen hochbewegen
Der Sportler springt hoch.

Für die Mehrzahl der Anwendungsfälle reicht diese Konstruktion schon aus. In komplizierteren Sätzen oder, wenn die Umstandsbestimmung nicht nur aus einem Eigenschaftswort besteht, wird vor die Umstandsbestimmung der Art und Weise das Wort **jaang** (= Art und Weise) gestellt.

khääk kin kaafee jaang sabaai.
Gast essen Kaffee AuW gemütlich.
Der Gast trinkt gemütlich Kaffee.

khana nak-thoongthiiau müüa baan jaang than weelaa.
Gruppe Person-reisen zurückkehren Dorf AuW schaffen Zeit.
Die Touristengruppe ist rechtzeitig zurückgekehrt.

noch

● Soll ausgedrückt werden, daß eine Handlung noch nicht abgeschlossen ist, steht **njang** (= noch) vor dem Verb.

luuk-saau njang juu hoong-hiian.
Kind-weibl. noch befinden Gebäude-lernen.
Die Tochter ist noch in der Schule.

● Spricht man von einer zusätzlichen Anzahl oder Menge, benutzt man **iik** (= noch (dazu)). Es steht nach dem Wort, auf das es sich bezieht. Es folgt die entsprechende Anzahl oder Menge.

kheu jaak dai nam-saa iik.
Ich wollen bekommen Wasser-Tee noch.
Ich möchte noch Tee haben.

khon-tjep tøøng pai haa møø iik saam thüüa.
Mensch-krank müssen wegbewegen suchen Arzt noch drei Mal.
Der Kranke muß noch dreimal den Arzt aufsuchen.

noch nicht

Als verneinende Antwort auf die Frage, ob man schon etwas getan hat, benutzt man **njang**, das diesmal aber nicht "noch" sondern eben "noch nicht" bedeutet.

tjot-maai maa lääo bøø?
Notieren-Bedeutung herbewegen schon FP?
Ist der Brief schon gekommen?

njang.
noch
Noch nicht.

genug

Das Wort **phøø** bedeutet "genug, ausreichend". Es unterscheidet sich kaum hörbar im Ton von **phøø** (= Vater). Zusammen mit **lääo** (= schon, fertig) wird es an das Satzende gestellt oder eigenständig gebraucht.

phuuak-khääk kin lau phøø lääo.
Mehrz.-Gast essen Alkohol genug schon.
Die Gäste haben (schon) genug Alkohol getrunken.

phøø lääo
genug schon
Reicht! Genug!

Mit **phee** gebildete Begriffe:

phee-tjai	genug-Geist	zufrieden sein
jaang-phee-tjai	AuW-genug-Geist	zufrieden
khwaam-phee-tjai	Subst.-genug-Geist	Zufriedenheit
kheu dii-tjai	Ich genug-Geist.	Ich bin zufrieden.

schon

Das Wort **lääo** (= schon) wird an das Satzende gestellt.

khon-taang-patheet dai khiian tjot-maai lääo.
Mensch-verschieden-Land Verg. schreiben notieren-Bedeutung schon.
Der Ausländer hat schon einen Brief geschrieben.

Sehr häufig wird man hören: **lääo lääo**, was in Abhängigkeit von der Situation bedeuten kann: Fertig! Erledigt! Schon gemacht!

alles, ganz

Das Wort **mot** (= alles) wird selbsständig oder vor dem Wort, auf das es sich bezieht, gebraucht.

kheu dai hen mot lääo.
Ich Verg. sehen alles schon.
Ich habe schon alles gesehen.

kheu dai hen mot patheet thai lääo.
Ich Verg. sehen alles Land thailändisch schon.
Ich habe schon ganz Thailand gesehen.

● Häufig zu hören ist die Redewendung

mot lääo! Schluß! Ausverkauft! Das war's!

● Und fast noch häufiger wird man bei laotischen Bekannten die Aufforderung hören:

kin mot!	Trinken alles!	Ex!

jedes

Das Wort **thuk** (= jedes) kommt in vielfältigen Zusammenhängen vor. Es steht vor dem Wort, auf das es sich bezieht.

thuk khon	jeder Mensch	jedermann
thuk müü	jeder Tag	täglich, immer
thuk thüüa	jedes Mal	jedesmal, immer

Als unbestimmte Personenbezeichnung wird häufig **mot thuk khon** (= alle, jedermann) benutzt.

zusammen

Für die Mehrzahl der Fälle reicht die Konstruktion mit **nam–kan** (= mit–sich) am Ende des Satzes.

khatjau lin nam–kan.
Sie spielen mit–sich.
Sie spielen zusammen.

pai nam–kan!
Wegbewegen mit–sich!
Gehen wir zusammen!

zu sehr

Möchte man ausdrücken, daß irgend etwas zu viel, zu schnell, zu ... ist, verwendet man **phoot** (= zu sehr).

bot–hian ŋjaak phoot.
Lektion–lernen schwierig zu–sehr.
Der Lernabschnitt (Lektion) ist zu schwer.

immer

Das Wort **lüüai** bedeutet "oft". Gewöhnlich wird es jedoch verdoppelt und bedeutet dann "immer".

ŋjaam-phak kheu aan püüm lüüai-lüüai.
Zeitraum-erholen ich lesen Buch oft-oft.
In den Ferien lese ich immer Bücher.

Im Sinne von "jedesmal" wird **thuk thüüa** (= jedes Mal) gebraucht.

selber

eeng (= selber) ist ein rückbezügliches Fürwort und wird meist in Verbindung mit **ton** (= sich) gebraucht.

khau dai pääng moong ton eeng.
Er Verg. reparieren Uhr sich selber.
Er hat die Uhr selber repariert.

vielleicht

Die Möglichkeit einer Handlung wird durch **aatja** (= vielleicht) vor dem Verb ausgedrückt.

fon aatja tok.
Regen vielleicht fallen.
Vielleicht regnet es.

nur

Die Konstruktion mit **tää** (= nur) sei hier nur fakultativ erwähnt. **Tää** steht vor dem Wort, auf das es sich bezieht.

phuuak–hau mii tää ngeun don.
Mehrz.–ich haben nur Geld Dollar.
Wir haben nur Dollar.

mancher

Das Wort **baang** (= mancher) kommt in vielen häufig gebrauchten Ausdrücken vor:

baang khon	mancher Mensch	mancher
baang thüüa	manches Mal	manchmal
baang thii	manches Mal	vielleicht

auch

"Auch" entsteht durch die Verbindung der Wörter **khüü** (= ähnlich) und **kan** (= sich).

phoo khuua kin dai khüü kan.
Vater kochen essen können ähnlich sich.
Der Vater kann auch kochen.

kheu jaak pai müüang paaksee khüü kan.
Ich wollen gehen Stadt Paksé ähnlich sich.
Ich möchte nach Paksé fahren.

Sollte Ihnen das Glück widerfahren, daß Ihnen jemand anvertraut:

kheu hak tjau. (= Ich liebe Sie).

brauchen Sie nicht nach langen Antworten zu suchen, sondern einfach zu erwidern:

kheu khüü kan. (= Ich auch).

Fragesätze

Entscheidungsfragen

Wird kein spezielles Fragewort gebraucht, entsteht eine Frage, indem man die Fragepartikel (FP) **bee** an den Schluß des Satzes stellt. Man beachte den Unterschied zum Gebrauch des Wortes **bee** (= nein, nicht) vor dem Verb, wo es die Verneinung ausdrückt!

tjau kin khau lääo bee?
Sie essen Reis schon FP?
Haben Sie schon gegessen?

● Eine sehr beliebte Form der Frage entsteht, wenn man **lüü** (= oder) gemeinsam mit **bɵɵ** gebraucht:

au lüü bɵɵ?
Nehmen oder FP?
Nehmen Sie es, oder nicht?

● Hat man auf eine Frage geantwortet und will sie dem Fragenden ebenfalls stellen, bewährt sich die Fragepartikel **dee**:

tjau dee?
Sie Partikel?
Und Sie?

Fragen mit Fragewörtern

Will man Fragewörter benutzen, so werden sie im Gegensatz zum Deutschen, wo sie immer am Satzanfang stehen, an die Stelle gesetzt, wo die Aussage stehen würde, nach der sie fragen. **bɵɵ** wird dann nicht gebraucht.

müü nii kheu pai paksee dooi lot–tjak.
Tag dieser ich wegbewegen Paksé mittels Fahrzeug–Motor.
Heute fahre ich mit dem Motorrad nach Paksé.

tjau pai sai?
Sie wegbewegen wohin?
Wohin fahren Sie?

phai pai?
Wer wegbewegen?
Wer fährt?

tjau pai pen–ŋjang?
Sie wegbewegen sein–was?
Warum fahren Sie?

tjau pai weelaa–dai?
Sie wegbewegen Zeit–welche?
Wann fahren Sie?

tjau pai nääo–dai?
Sie wegbewegen Art–welche?
Wie fahren Sie?

Liste gebräuchlicher Fragewörter

phai	wer	**njang**	was
tää–sai von–wo	woher	**nääo–dai** Art–welche	wie
juu–sai befinden–wo	wo	**pen–njang** sein–was	warum
müüa–dai Zeit–welche	wann	**thau–dai** Mal–welche	wieviel (Menge)
dai	welche, –r, –s	**tjak**	wieviel (Stück)
pai–sai wegbewegen–wo	wohin		

Verneinung

● Die Verneinung wird durch Voranstellen von **bee** (= nein, nicht) vor das Verb gebildet.

kheu paak phaasaa laao.
Ich sprechen Sprache laotisch.
Ich spreche laotisch.

kheu bee paak phaasaa laao.
Ich nicht sprechen Sprache laotisch.
Ich spreche nicht laotisch.

● Die Verstärkung der Verneinung kann durch **bee lööi** (= überhaupt nicht) oder **bee tjak** (= nie, niemand), erzielt werden:

juu patheet laao bee mii lot–fai lööi.
Befinden Land laotisch nicht haben Fahrzeug–Feuer überhaupt.
In Laos gibt es überhaupt keine Eisenbahn.

kheu bee hen tjak khon.
Ich nicht sehen wieviel Mensch.
Ich sehe niemanden.

khau bөө dai pai phatheet laao tjak thüüa.
Er nicht Verg. wegbewegen Land laotisch wieviel Mal.
Er ist noch niemals nach Laos gefahren.

Wie aus dem letzten Beispiel zu ersehen ist, steht **bөө** bei der Vergangenheit auch vor dem Hilfswort **dai**. Bei der Zukunft jedoch schiebt sich **bөө** zwischen das Hilfswort **tja** bzw. **si** und das Verb.

laao si bөө maa.
Er Zuk. nicht herbewegen.
Er wird nicht kommen.

laao tja bөө au.
Er Zuk. nicht nehmen.
Er wird (es) nicht nehmen.

● Will man einfach sagen: "kein Haus", muß der Ausdruck so ergänzt werden, daß er ein Tätigkeitswort enthält, das dann wie oben verneint wird:

hüüan bөө mii.
Haus nicht haben.
Es gibt kein Haus.

annii bөө mään hüüan.
Dies nicht sein Haus.
Das ist kein Haus.

Ja und Nein

● Will man nun auf eine so gestellte Frage **bejahend** antworten, empfehlen sich für den Anfänger folgende Möglichkeiten:

tjau	ja
thüük	richtig
mään	So ist es.
mään lääo	So ist es.
mään thää	Natürlich.

Die letzten Formen mit dem Verb **mään** (= sein) sind sehr gebräuchlich. Anstelle von **mään** kann man auch das in der Frage gebrauchte Verb einsetzen:

laao kap maa lääo bee?	**maa lääo.**
Er zurück herbewegen schon FP?	Herbewegen schon.
Ist er schon zurück?	Ja.

tjau tjüü kheu bee?	**tjüü.**
Sie erinnern ich FP?	Erinnern.
Erinnern Sie sich an mich?	Ja.

Eine **verneinende** Antwort wird einfach durch **bee** (= nein) zum Ausdruck gebraucht. Analog zur Bejahung kann aber auch ein Verb dazugesetzt werden, entweder **mään** (= sein) oder das in der Frage benutzte.

tjau dai phop laao bee?	**bee.**	oder	**bee phop.**
Sie Verg. treffen er FP?	Nein.	oder	Nicht treffen.
Haben Sie ihn getroffen?	Nein.		Nein.

Zusammengesetzte Sätze / Bindewörter

Der zusammengesetzte Satz entsteht durch Verbindung mehrerer Gliedsätze durch ein Bindewort (Relativpronomen oder Konjunktion). Die Satzstellung in jedem Gliedsatz bleibt: **Subjekt - Prädikat - Objekt.** Haben die Gliedsätze das gleiche Subjekt, kann es in einem der Gliedsätze entfallen.

kheu bee hen tjau tää fang khwaam tjau.
Ich nicht sehen Sie aber zuhören Gesprochenes Sie.
Ich sehe Sie nicht, aber ich höre Ihnen zu.

thii

Das universelle Relativpronomen heißt **thii** und steht für: der, die, das, welche/–r,–s am Beginn eines Nebensatzes.

kheu hak phuu saau thii kheu phop müü–waan–nii.
Ich lieben Mensch weibl. das ich treffen Tag–vor–dieser.
Ich liebe das Mädchen, das ich gestern traf.

kheu kin maak mai thii tjau dai süü.
Ich essen Frucht Baum die Sie Verg. kaufen.
Ich esse die Früchte, die Sie gekauft haben.

waa

Das am häufigsten gebrauchte Bindewort ist das Verb "sagen" **waa** (= daß). Es kann im Zusammenhang mit anderen Bindewörtern (s.u.) oder mit anderen Verben gebraucht werden:

hen waa	sehen, daß	**wang waa**	hoffen, daß
wau waa	sagen, daß	**khit waa**	denken, daß
thaam waa	fragen, daß		meinen, daß

kheu khit waa hiian phaasaa laao muuan.
Ich denken sagen lernen Sprache laotisch unterhaltsam.
Ich meine, daß Laotisch lernen Spaß macht.

Die Konstruktion mit **waa** leistet wirklich gute Dienste. Leitet man seinen Satz mit **kheu khit waa** (= Ich denke, daß ...) ein, hat man genügend Zeit, seine weiteren Wörter zusammenzubasteln. Mit der gleichen Konstruktion kann man auch die wörtliche Rede ausdrücken.

aa/tjaan thaam waa pen–njang neeng bee dai fük aan?
Lehrer fragen daß sein–was jüngerer Bruder nicht Verg. üben lesen?
Der Lehrer fragt: "Warum hast du nicht Lesen geübt?"

Bindewörter

lä	und	**ŋjəən waa**	weil
tää (waa)	aber	**dangnan**	deshalb
lüü (waa)	oder	**phə waa**	weil, denn
müüa	als, wann	**phüüa**	um zu, damit
waa	daß	**lääo kəə**	dann

phuuak-hau khau nəən phə waa müüai laai.
Mehrz.-ich hineinbewegen liegen weil daß müde viel.
Wir legen uns hin, weil wir sehr müde sind.

● **ŋjəən waa** (= weil) kann auch am Satzanfang stehen.

ŋjəən waa khau/tjau bəə mii kheu dai au khau/niau.
Wegen daß Körnerreis nicht haben ich Verg. nehmen Klebreis.
Weil es keinen Körnerreis gab, nahm ich Klebreis.

Klebreis ist das Grundnahrungsmittel der Laoten und eine Spezialität für alle Reisfans.

● **lääo kəə** (= danach) verbindet zwei Aussagen, die nacheinander stattfinden. Es könnte auch mit "fertig, dann" übersetzt werden.

phuuak-hau aap naam lääo kəə pai lin.
Mehrzahl-ich baden Wasser fertig dann wegbewegen spielen.
Nachdem wir geduscht haben, gehen wir spazieren.

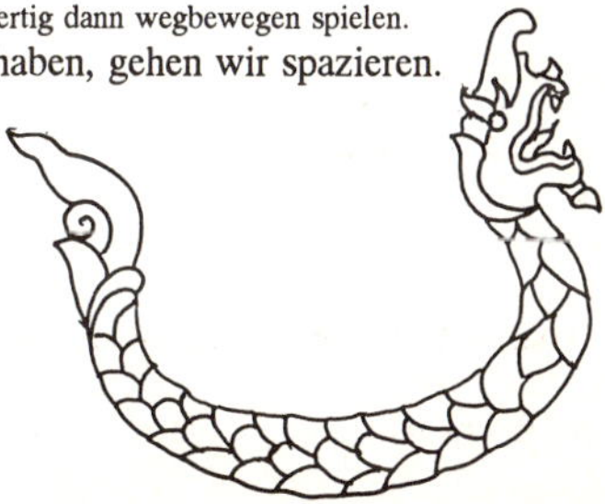

Zahlen und Zählen

Grundzahlen

Im Laotischen gibt es eigene Zeichen für die Grundzahlen 1–9. Weitaus häufiger werden heute jedoch die arabischen Ziffern verwendet. Beim Lesen der Zahlen gilt die Grundregel: x hundert y zehn z.

sii heu saam sip sɵɵng
vier hundert drei zehn zwei
Vierhundertzweiunddreißig

໐	0	**suun**	໑໐	10	**sip**
໑	1	**nüng**	໑໑	11	**sip et**
໒	2	**sɵɵng**	໑໒	12	**sip sɵɵng**
໓	3	**saam**	໑໓	13	**sip saam**
໔	4	**sii**			etc.
໕	5	**haa**	໒໐	20	**saau**
໖	6	**hok**	໒໑	21	**saau et**
໗	7	**tjet**	໒໒	22	**saau sɵɵng**
໘	8	**päät**			etc.
໙	9	**kau**	໓໐	30	**saam sip**

Die Bildung der Zahlen erfolgt also weitestgehend regelmäßig.

- Wie aus der Tabelle zu ersehen, bildet die Zahl 1 nach der Zehnerpotenz, also 11, 21, 31 usw. eine Ausnahme. Anstelle von **nüng** wird **et** gebraucht.
- Die zweite Ausnahme ist 20: **sau**.

Lernt man noch die folgenden Zehnerpotenzen, kann die Zählerei bis in astronomische Bereiche erfolgen.

100	**heu**
1.000	**phan**
10.000	**müün** oder **sip phan** zehn tausend
100.000	**sään** oder **heu phan** hundert tausend
1.000.000	**laan**
1.000.000.000	**tüü** oder **phan laan** tausend Million

Bruchzahlen

Brüche werden mit dem Wort **suuan** (= Teil) ausgedrückt:

nüng suuan haa
eins Teil fünf
ein Fünftel

hok suuan heu
sechs Teil hundert
sechs Hundertstel = 6%

Ordnungszahlen

Die Bildung der Ordnungszahlen bereitet keine Schwierigkeiten: Es wird einfach das Wort **thii** vor die Zahl gestellt. Dieses Wort sieht in der Umschrift wie das Relativpronomen **thii** (= der, die, das) aus, vielleicht kann das eine Eselsbrücke sein.

thii nüng	der/die/das Erste, erstens
thii soong	der/die/das Zweite, zweitens
usw.	
müü thii tjet	der siebente Tag
khon thii phan	der tausendste Mensch
thüüa thii saam	das dritte Mal

● Will man sagen: "einmal, zweimal ...", reicht es, die entsprechende Zahl vor das Wort **thüüa** (= Mal) zu stellen:

hok thüüa sechs Mal

addieren

Sollte man einmal in die Verlegenheit kommen, etwas zusammenzählen zu müssen, so heißt das:

saam lä sii thau tjet
drei und vier gleich sieben

Klassifikatoren

Zum Zählen von Hauptwörtern benötigt man sog. Klassifikatoren (Klass.), sozusagen Zähleinheiten. Eine Gruppe von Dingen oder Lebewesen, die eine bestimmte gemeinsame Eigenschaft auszeichnet, wird mit demselben Klassifikator gezählt. Oft ist der Klassifikator selbst ein Hauptwort, dessen Sinn schon auf diese gemeinsame Eigenschaft hinweist, z.B. **khon** (= Mensch), **kääo** (= Glas), **bai** (= Blatt) usw. Die Reihenfolge beim Zählen lautet anders als im Deutschen:

> Hauptwort - Zahl - Klassifikator.

phuu-njing saam khon
Mensch-weiblich drei Menschen
drei Frauen

tjiia saam bai
Papier drei Blatt
drei Blatt Papier

● Hat man den passenden Klassifikator nicht parat oder möchte man sich die Sache erleichtern, kann man den allgemeinen Klassifikator **an** verwenden, den man bedingt mit "Stück" übersetzen könnte. Für Personen ist jedoch *immer* **khon** zu benutzen!

khon	Mensch	Menschen
too		Tiere
khan		Fahrzeuge
lam		Schiffe
ton	Stamm	Bäume
dəək	Blüte	Blumen, Blüten
bai	Blatt	Papier, blätterartige Gegenstände
sabap		Dokumente, Briefe, Zeitungen
huua	Kopf	Bücher
nuuai		Früchte, runde Gegenstände, Maschinen, Möbel
saai	Linie	für längliche, schnurartige Gegenstände
lang		Gebäude
hääng	Platz	Plätze, Fabriken, Örtlichkeiten
həəng	Raum	Räumlichkeiten

Zeitangaben

Ein Fernsehbericht über Laos lief einmal unter dem treffenden Titel "In Laos gehen die Uhren anders". Und so ist es auch! Belasten Sie sich beim Erkunden dieser fremden Kultur nicht mit dem Leben nach der Uhr! In Laos werden Sie ansonsten Höllenqualen leiden. Dennoch wird der Exkurs in die Zeitangaben auf Laotisch etwas länger dauern müssen, denn in Laos gehen ...

Uhrzeit

Der Unterschied zwischen **weelaa öölop**, der europäischen Zeit und **weelaa müüang laao**, der laotischen, beträgt sechs Stunden. Generell nennt man die Uhrzeit nach dem Schema:

x Uhr y Minuten = x **moong** y **naathii**:

saam moong tjet naathii	3.07 Uhr
saau moong sip naathii	20.10 Uhr
tjet moong khöng 7 Stunde Hälfte	7.30 Uhr

Im allgemeinen werden die Minuten bei Uhrzeiten nur bis zur halben Stunde angegeben, dann zählt man von der vollen Stunde mit **ŋjang** (= noch) die verbleibenden Minuten zurück:

saau et moong ŋjang saau — 20.10 Uhr
zwanzig eins Stunde noch zwanzig

● Will man eine Zeitdauer angeben, benutzt man anstelle von **moong: soomoong** (= Stundendauer), was im Deutschen auch Stunde heißt.

sii sip päät soomoong — 48 Stunden
vier zehn acht Stundendauer

● Der Laote kennzeichnet bei der Zeitangabe genau die Tagesabschnitte, als da wären:

tɵɵn sau	morgens, der Morgen (bis gegen 10 Uhr)
tɵɵn suuai	vormittags, der Vormittag
tɵɵn baai	mittags, der Mittag (bis gegen 15 Uhr)
tɵɵn lääng	nachmittags, der Nachmittag (gilt bis zur Dunkelheit, in Laos ca. 18 Uhr)
tɵɵn khüün	abends, der Abend
tɵɵn kham	nachts, die Nacht

tɵɵn bedeutet einen bestimmten Zeitabschnitt. In Verbindung mit der Uhrzeit läßt man dieses Wort weg und zählt die Stunden ähnlich wie im Englischen nur mit den Ziffern 1–12:

hok moong sau	6 Uhr morgens
hok moong lääng	6 Uhr abends

● Da sowohl **baai** als auch die Zahl **nüng** bei der Wortstellung eine Ausnahme bilden, merke man sich die Bezeichnung der Mittagsstunden:

sip sɵɵng moong	12 Uhr
thiiang wan	Mittag
baai moong nüng	13 Uhr
baai sɵɵng moong	14 Uhr
saam moong lääng	15 Uhr

tjau mii moong bɵɵ?
Sie haben Uhr FP?
Haben Sie eine Uhr?

diau nii tjak moong?
Moment dieser wieviel Stunde?
Wie spät ist es jetzt?

si kin weelaa tjak soomoong / naathii?
Zuk. essen Zeit wieviel Stundendauer / Minuten?
Wie lange wird das dauern?

laai soomoong
viele Stunden

saam soomoong sip naathii
drei Stunden zehn Minuten

Monate

In Laos können die Monate in drei Varianten angegeben werden: a) international, b) mit den laotischen Namen für die Monate nach dem gregorianischen Kalender und c) nach dem laotischen traditionellen Kalender, der den Beginn des 1. Monats auf einen jährlich wechselnden Zeitpunkt in der 2. Novemberhälfte setzt. Für Ausländer ist die Variante a) am günstigsten, die Monate werden einfach von 1 bis 12 gezählt. In der 2. Spalte stehen die laotischen Bezeichnungen.

düüan ...	**düüan ...**	
nüng	**mang/kɵɵn**	Januar
sɵɵng	**kumphaa**	Februar
saam	**minaa**	März
sii	**meesaa**	April
haa	**phütsaphaa**	Mai
hok	**mithunaa**	Juni
tjet	**kɵɵlakɵt**	Juli
pääd	**singhaa**	August
kau	**kanjaa**	September
sip	**tulaa**	Oktober
sip et	**pha/tjik**	November
sip sɵɵng	**thanwaa**	Dezember

"Der Monat" kommt vom Wort **düüan** (= der Mond). Mondfinsternis heißt nach einer laotischen Legende: **kop kin düüan** (= Der Frosch frißt den Mond). Sollten Sie während einer Mondfinsternis in Laos weilen, erschrecken Sie nicht, wenn sich ringsum ein fürchterliches Geschieße und Getöse erhebt, der Frosch muß schließlich im Interesse des Allgemeinwohls vertrieben werden!

Wochentage

wan der Tag (Bei Nennung von Wochentagen)
müü der Tag (allgemein)
aa/thit die Woche

wan/tjan	Montag	**wan/suk**	Freitag
wan/angkhaan	Dienstag	**wan/sau**	Samstag
wan/phut	Mittwoch	**wan-aa/thit**	Sonntag
wan/phahat	Donnerstag	Tag-Woche	

Datum

Datumsangaben werden einfach durch Nachsetzen der Grundzahl hinter **wan thii** Tag der (gebildet). Jahreszahlen werden gezählt wie normale Ziffern, man setzt lediglich das Wort **pii** (= Jahr) davor:

(müü-nii) wan thii sii düüan haa pii 1991
(Tag-dieser) Tag der 4 Monat 5 Jahr 1991
(Heute ist) der 4.5.1991

1991 = **pii phan kau heu kau sip et**
Jahr tausend neun hundert neun zehn eins

● Zur Angabe des Zeitpunktes mit allen oben angeführten Wörtern benötigt man keine Verhältniswörter; "der Montag" oder "am Montag" heißen gleichermaßen **wan/tjan**, "diese Woche" oder "in dieser Woche": **aa/thit nii** bzw. "der Mai" oder "im Mai": **düüan haa**.

● Will man jedoch sagen "in einer Woche" (d.h. nach Ablauf einer Woche), so heißt das: **iik aa/thit nüng** (noch Woche eine). Ab der Zahl 2 steht die Ziffer wieder vor dem Hautpwort **iik soong aa/thit** (in zwei Wochen).

● "Vor ..." wird übersetzt mit **koon nii ...** (vor dieses), wenn man eine Handlung vom jetzigen Zeitpunkt aus betrachtet und **koon nan** ... (vor jenes), wenn etwas vor einer anderen Handlung stattfand.

koon nii päät aa/thit
vor dieses 8 Woche
vor acht Wochen
(vor heute)

koon nan tjet düüan
vor jenes 7 Monat
sieben Monate vorher
(vor damals)

Zeitbegriffe

büt nüng Moment eins	Einen Moment!
diiau nii Moment dieser	in diesem Moment, jetzt
weelaa nii Zeit diese	gegenwärtig, jetzt
tää don lääo von lange schon	seit langem
waang lääo nii unlängst schon dieser	seit kurzem
nai meemee nii in nahe diese	in Kürze

müü/süün	vorgestern
müü-waan-nii Tag-vor-dieser	gestern
müü-nii Tag-dieser	heute
müü-üün Tag-anderer	morgen
müü/hüü	übermorgen

müü–naa Tag–vorn	irgendwann mal
aa/thit thii lääo Woche welche schon	vorige Woche
aa/thit nii Woche diese	diese Woche
aa/thit naa Woche vorn	nächste Woche

An die Stelle von **aa/thit** kann man auch **düüan** (= Monat) setzen.

pii kaai Jahr vorbeigehen voriges Jahr	**pii nii** Jahr dieses dieses Jahr	**pii naa** Jahr Gesicht nächstes Jahr

Verhaltensregeln

Die Toleranz und Freundschaft, die Laoten Ausländern gegenüber freiherzig erweisen, sollte von uns Gästen durch ein den laotischen Sitten und Traditionen angepaßtes Verhalten honoriert werden.

Lächeln

Dazu gehört zuerst einmal, in allen Lagen die Beherrschung zu wahren und selbst unangenehme Situationen mit einem Lächeln zu meistern. Mit einem Lächeln wird Kontakt aufgenommen, man bedankt sich mit einem Lächeln und darf einem hübschen Mädchen auch ohne jeden Hintersinn zulächeln. Aber auch, wenn Sie mit einem Händler eventuell nicht einer Meinung sind oder ein Fahrradfahrer mangels Bremse beinahe unter Ihr Auto geraten wäre, sollte Ihr Lächeln nicht erstarren.

Wie in vielen anderen asiatischen Ländern ist es eine Pflicht, "das

Gesicht zu wahren". Man stellt sich selbst und andere bloß, indem man jemanden vor anderen kritisiert, beschimpft oder gar herumbrüllt. Ein herumfuchtelnder und schimpfender Ausländer kann nicht damit rechnen, ernst genommen zu werden. Auch bei Kritik an Zuständen im Land sollte man sich zurückhaltend äußern. Anstelle von sturem Beharren auf seiner Meinung können ein Lächeln und **kee dai khüü kan** (= so ginge es auch), manchmal Wunder bewirken.

Die Laoten kennen nicht jene hektische Betriebsamkeit und Strebsamkeit, die unser Leben häufig mehr belasten als verschönern. Es wird schon vorkommen, daß Sie auf etwas Zugesagtes etwas länger warten müssen, ein Bus nicht abfährt, oder ein für Sie wichtiger Mensch aus tausenden Gründen nicht aufzufinden ist. Tun Sie es den Laoten nach und reagieren Sie mit: **bee pen njang** (= nicht sein was), was je nach Situation von "Das wird schon!" über "Das macht nichts." bis "Ist ja sowieso Sch... egal." bedeuten kann. Und Lächeln!

Schicklichkeit

In der Öffentlichkeit sollte man selbst bei großer Hitze nicht übermäßig unbekleidet sein. Das gilt insbesondere für Frauen. Zärtlichkeiten, einschließlich Hand-in-Hand-Gehen, in der Öffentlichkeit werden zwar toleriert, gelten aber als unschicklich. Demgegenüber braucht sich niemand zu wundern, wenn er von seinem Gastgeber als Zeichen der Sympathie während eines Gesprächs bei der Hand genommen wird.

Die Begrüßung erfolgt traditionell durch einen **wai**: Die Hände werden wie beim Gebet vor den Körper gehalten. Die Fingerspitzen sollten sich ungefähr in Kinnhöhe befinden. Je höher die Hände, umso stärker die Ehrerbietung. Begleitet wird der Gruß durch eine angedeutete Verbeugung. Unter gebildeteren Leuten ist das Händeschütteln nach europäischem Vorbild durchaus üblich, gegenüber einfachen Menschen oder einer Gruppe von Menschen bietet sich der **wai** an. Wenn man sich bedanken will, verfährt man gleichermaßen.

Besondere Ehrerbietung geziehmt sich gegenüber Mönchen und Alten.

Religion

Ein paar wenige Worte zum Riesenthema Religion, Kulte... Der in Laos vorherrschende Buddhismus der Glaubensrichtung Hinayana (Kleiner Wagen) ist in alle Poren des täglichen Lebens der Menschen eingedrungen. Gleichzeitig hat sich der buddhistische Glaube so mit Geisterglauben, Animismus und Ahnenkult vermischt, daß es häufig schwer ist, bestimmte alltägliche oder religiöse Handlungen zuzuordnen.

Nach laotischen Vorstellungen wohnen im menschlichen Körper Geister, von deren Anwesenheit das persönliche Wohlergehen abhängt. Der Kopf von Kindern als Sitz der Geister sollte deshalb nicht gestreichelt werden.

Die Basis des in Laos gültigen buddhistischen Wertesystems bildet die Formel **het bun dai bun!** (= machen Gutes erhalten Gutes) Sei gut und dir wird Gutes wiederfahren! Daraus leitet sich für das praktische Verhalten eines Ausländers, der ja immer vergleichsweise reich ist, vor allem ab, hilfsbereit und großzügig zu sein, sei es ein kleines Mitbringsel für die Kinder bei Besuchen, eine Spende in der Pagode oder ein finanzieller Beitrag bei diversen Feiern (im Umschlag) oder oder...

Laoten sind in jeder Hinsicht freizügig. So bereitet es auch keine Schwierigkeiten, buddhistische Pagoden oder Wohnhäuser zu betreten oder an Riten und Festlichkeiten teilzuhaben. Allerdings sollte immer zuvor um Erlaubnis gegragt werden. Gleiches gilt für Fotografieren. Betritt man eine Wohnung oder Pagode, so läßt man das Schuhzeug am Eingang stehen. Bei einigen buddhistischen Riten, wie z.B. Mönchweihe dürfen Frauen nur durch die Tür zuschauen.

Anrede

Die Form der Anrede erscheint dem Ausländer zu Beginn undurchschaubar. Richtet sie sich doch nach dem Grad des miteinander Vertrautseins, dem Alter, der sozialen Stellung, der familiären Beziehung und dem Geschlecht beider Personen.

● Deshalb empfiehlt sich zu Beginn gegenüber Erwachsenen beiderlei Geschlechts die Anrede **tjau** (= Sie). Man selbst bezeichnet sich als **kheu** (= ich). Achtung bei der Aussprache! Wird anstelle des **eu** ein **oi** mit geschlossenem o gesprochen, gerät das harmlose "ich" zur Bezeichnung der männlichen Genitalien.

● Sehr häufig ist auch die Anrede **sahaai** (= Genosse/Kollege). Die Benutzung empfielt sich jedoch nur, wenn man sich selbst als **sahaai** betrachtet.

● Gegenüber alten Menschen sollte man sehr höflich sein und sagen: **lung** (= Onkel) bzw. **paa** (= Tante). Man selbst ist dann Nichte oder Neffe (= **laan**).

Ein Wort noch zu den Namen. Man unterscheidet den Vornamen (= **süü**) und den Familiennamen (= **namsakhun**). Letzterer wird selten benutzt und ist selbst Arbeitskollegen manchmal unbekannt. Deshalb ohne Scheu den Vornamen benutzen!

In der folgenden Tabelle sind die gebräuchlisten Anreden nach Situationen bzw. Sprachebenen geordnet aufgeführt.

Sprecher	Angesprochene	Angesprochener	Bemerkung
kheu ich	**tjau** Sie	**tjau** Sie	universell zw. Erwachsenen
khaa-pha/tjau Sklave-Ihr	**thaan-ngaan** Herr-Frau	**thaan** Herr	offiziell
aai / üüai ält. Bruder/ Schwester	**neeng** jüngere Schwester	**neeng** jüngerer Bruder	höflich, umgangssprachl.
neeng jüng. Bruder/ Schwester	**üüai** ältere Schwester	**aai** älterer Bruder	höflich, umgangssprachlich zu Älteren
laan Nichte/Neffe	**paa** Tante	**lung** Onkel	zu Alten (ab 50)
laan Nichte/Neffe	**aa** Tante	**aau** Onkel	zu viel Älteren
hau ich	**too** du	**too** du	vertraut
kuu ich	**müng** du	**müng** du	familiär
aai / üüai ält. Bruder/ Schwester	**naang*** Mädchen	**thaau*** Junge	zu Kindern

* **naang** und **thaau** werden auch zur Kennzeichnung des Geschlechts vor den Namen in Dokumenten verwandt.

Begrüßung

Bei der Begrüßung, aber auch zur Verabschiedung, gebraucht man zu allen Tageszeiten:

sabai dii!
Gesund gut!
Guten Morgen/Tag/Abend! Auf Wiedersehen!

Daran schließt sich zumeist die Frage nach dem eigenen Wohlbefinden, dessen der Familie **khəəp/khuua**, der Frau **miia**, des Mannes **phuua** und der Kinder **dek–neu** an:

tjau sabai dii bəə?
Sie gesund–gut FP?
Wie geht es Ihnen?

kheu sabai dii, tjau dee?
Ich gesund–gut, Sie Partikel?
Mir geht es gut, und Ihnen?

Dee ist eine Aufforderungspartikel. Sie bedeutet, daß man die Frage umkehrt. Anstelle von **tjau** und **kheu** können natürlich alle Anrede–wörter und die Bezeichnungen für Familienmitglieder gebraucht werden. Weniger formell begrüßt man sich mit:

pen tjang dai?
Sein so wie?
Wie geht's?

taam dööm.
Entsprechend früher.
Wie immer.

mii njang pian–pääng?
Haben was ändern–ändern?
Was gibt's Neues?

bəə mii njang, taam khööi.
Nicht haben was, entsprechend gewöhnlich.
Nichts, alles beim Alten.

pai sai (maa)?
Wegbewegen wohin (herbewegen)?
Was treiben Sie?

pai lin süü süü.
Wegbewegen spielen einfach einfach.
Ich gehe nur so spazieren.

Die letzte Variante ist höflicher, als sie in der Übersetzung klingt, und wird häufig gebraucht, wenn man jemanden unterwegs trifft.

Verabschiedung

khee thoot! kheu teeng laa pai keen, kheu mii wiiak.
Erbitten Strafe! Ich müssen verlassen wegbewegen vor, ich haben Arbeit.
Verzeihung! Ich muß jetzt gehen, ich habe zu tun.

Der sich Verabschiedende kann nun sagen:

laa keen!
Verlassen vor!
Auf Wiedersehen!

kheu pai döö!
Ich wegbewegen Partikel!
Tschüß!

Der Bleibende kann erwidern:

sook dii!
Glück gut!
Alles Gute!

tjong pai dii!
Daß wegbewegen gut!
Viel Glück! Gute Reise!

Beide Seiten können auch folgende Redewendungen benutzen:

phop kan mai!
Treffen sich neu!
Bis zum nächsten Mal!

thaam khaau haa...
Fragen Neuigkeiten suchen ...
Beste Grüße an ...

phop kan mai in Verbindung mit der konkreten Zeit bedeutet dann: Tschüß, bis ...!

tjak neu phop kan mai!
Wieviel klein treffen sich neu!
Bis gleich!

müü-üün phop kan mai!
Tag-anderer treffen sich neu!
Bis morgen!

Gesprächsfloskeln

Bitte

Dort, wo im Deutschen immer "bitten" bzw. "Bitte!" gebraucht wird, konkretisiert der Laote die Situation.

● "Um Erlaubnis bitten" und "etwas von jemanden erbitten" wird einfach mit **khɵɵ** (= bitten, erbitten) oder **khɵɵ anunjaat** (= erbitten, erlauben) übersetzt:

kheu khɵɵ nenam tua eeng.
Ich bitten empfehlen sich selbst.
Gestatten Sie, mich vorzustellen.

khɵɵ thoot!
Erbitten Strafe!
Gestatten Sie?
Verzeihung!

khɵɵ thaang!
Erbitten Weg!
Wenn Sie gestatten (vorbeizugehen)!

Mit **khɵɵ thoot** lassen sich viele nützliche Sätze bilden, indem man **thii** (= daß) anhängt und dann den jeweiligen Satz sagt:

khɵɵ thoot thii ...
Erbitten Strafe daß ...
Verzeihen Sie, daß ...

... kheu maa saa.
... ich herbewegen langsam.
... ich zu spät komme.

● "Bitte!" im Sinne von "jemandem etwas gestatten" wird mit **söön**

söön sääp!
Gestatten schmackhaft!
Guten Appetit!

söön khau maa!
Gestatten hineinbewegen herbewegen!
Kommen sie bitte herein!

söön nang!
Gestatten sitzen!
Bitten setzen Sie sich!

● "Jemanden um eine Tätigkeit bitten" wird mit **khee suuai** (erbitten helfen) und **khee hai** (bitten übertragen) übersetzt.

khee suuai song bat paisanii pai patheet njialaman.
Erbitten helfen schicken Karte Post wegbewegen Land Deutschland.
Bitte schicken Sie diese Karte nach Deutschland.

khee hai tjau seem-pääng aai jen.
Bitten übertragen Sie reparieren-verändern Luft kalt.
Reparieren Sie bitte die Klimaanlage.

Danke

kheep-tjai!
Antworten-Seele!
Danke!

kheep-tjai laai laai!
Antworten-Seele viel viel!
Vielen Dank!

kheep-tjai thii tjau dai maa haa.
Antworten-Seele daß Sie Verg. herbewegen suchen.
Danke, daß Sie gekommen sind.

kheep-tjai samlap kheeng-teen.
Antworten-Seele für Ding-empfangen.
Danke für das Geschenk.

Beste Wünsche

Beste Wünsche aller Art werden mit **tjong** (sinngemäß: daß es werde!) eingeleitet.

tjong pai dii! — Lassen Sie es sich gutgehen!
Daß wegbewegen gut!

tjong juu dii mii hääng! — Bestes Wohlergehen!
Daß befinden gut haben Kraft!

tjong mii sukaphaap! — Beste Gesundheit!
Daß haben Gesundheit!

Vorstellen

tjau tjüü kheu bee?
Sie erinnern ich FP?
Erinnern Sie sich an mich?

kheu siia-tjai, tjüü bee dai.
Ich verlieren-Seele, erinnern nicht können.
Ich bedaure, aber ich kann mich nicht erinnern.

bee hen tjau don lääo.
Nicht sehen du lange schon.
Wir haben uns lange nicht gesehen.

dii-tjai thii huu kap tjau.
Gut-Seele daß kennen mit Sie.
Ich bin erfreut, Sie kennenzulernen.

Zum Schluß noch eine Wortliste verschiedener Berufe oder Tätigkeiten. Eingleitet wird das Vorstellen mit

kheu pen ...		Ich bin ...
phanak/ngaan		Angestellter
kammakeen		Arbeiter
naai-phäät	Person-Arzt	Arzt
saang-pääng-lot	Handw.-reparieren-Auto	Autoschlosser
saang-kee	Handw.-bauen	Bauarbeiter
saau-naa	Bewohner-Feld	Bauer
saang-faifaa	Handwerker-Strom	Elektriker
phuu-siiausaan	Mensch-Erfahrung	Experte
nak-khon/khwaa	Person-untersuchen	Forscher
nak-thaai-huup	Handw.-aufnehmen Foto	Fotograf
nak-thulakit	Person-Busines	Geschäftsmann
phee-khaa	Vater-Handel	Händler
mää-khaa	Mutter-Handel	Händlerin

naai-saang	Person-Handwerker	Handwerker
nak-khəau	Person-Nachricht	Journalist
naai-khuu	Person-Lehrer	Lehrer
thahaan		Militärangehöriger
nak-dontii	Person-Musik	Musiker
tamluuat		Polizist
saang-tat-khüüang	Handw.-schneiden-Ding	Schneider
nak-hiian	Person-lernen	Schüler
nak-süksaa	Person-Bildung	Student
nak-thəəng-thiiau	Person-reisen-reisen	Tourist, Reisender

Die weibliche Form lautet, außer bei "Händler/in", wie die männliche.

Erstes Gespräch

Die Laoten sind kontaktfreudig und erkundigen sich auch bei einem ersten Gespräch schon ungezwungen nach der Person des Gesprächspartners, seinen familiären Verhältnissen usw. Darauf ebenso offen zu antworten und sogar zurückzufragen, ist nicht nur höflich, sondern bringt Anerkennung und Achtung ein. Nur auf die Frage nach der Anzahl der Kinder sollten Sie ruhig die Realität etwas beschönigen, falls Sie verheiratet sind und noch keine Kinder haben. Sie ersparen sich Erläuterungen, die Sie wahrscheinlich mindestens sprachlich überfordern. Das folgende typische erste Gespräch zwischen einem Laoten und einem Ausländer werden Sie so oder ähnlich mit Sicherheit bestehen dürfen:

sabai dii!
Gesund gut!
Guten Tag!

sabai!
Gesund!
Guten Tag!

tjau pen khon njang?
Sie sein Mensch welcher?
Was sind sie für ein Mensch? (gemeint ist Nationalität)

kheu pen khon njialaman.
Ich sein Mensch deutsch.
Ich bin Deutscher.

maa laao don lääo bɵɵ?
Herbewegen Laos lange schon?
Sind Sie schon lange in Laos?

bɵɵ, haakɵɵ maa.
Nein, gerade herbewegen.
Nein, ich bin gerade erst angekommen.

juu müüang laao het njang?
Befinden Stadt Laos machen was?
Was tun Sie hier in Laos?

kheu pen nak–thɵɵng/thiiau. tjau dee?
Ich sein Person–reisen. Sie Aufforderung?
Ich bin Tourist. Und Sie?

kheu pen mää khaa, khaai khüüang–nung.
Ich sein Mutter Handel, verkaufen Ding–anziehen.
Ich bin Händlerin, verkaufe Bekleidung.

saang khɵɵp/khuua lääo bɵɵ?
Errichten Familie schon FP?
Sind Sie schon verheiratet?

saang don lääo. tjau dee?
Errichten lange schon. Sie Partikel?
Schon lange. Und Sie?

njang bɵɵ than mii. tjau mii luuk tjak khon?
Noch nicht schaffen haben. Sie haben Kind wieviel Menschen?
Noch nicht. Wieviel Kinder haben Sie?

luuk-saau seeng khon, luuk-saai khon nüng.
Kind-weibl. zwei Mensch, Kind-männl. Mensch ein.
Zwei Töchter und einen Sohn.

kheu süü ... lä tjau süü njang?
Ich Vorname ... und Sie Vorname welcher?
Ich heiße ... und wie heißen Sie?

khem-kham. juu laao muuan bee?
Nadel-Gold. Befinden Laos angenehm FP?
Khemkham (Goldnadel). Gefällt es Ihnen in Laos?

tjau, muuan thää. kheu mak khon laao laai.
Ja, angenehm wirklich. Ich mögen Mensch laotisch viel.
Ja, sehr. Ich mag die Laoten sehr.

paak phaasaa laao keeng keeng.
Sprechen Sprache laotisch gut gut.
Sie sprechen sehr gut laotisch.

bee mään deek. pak dai tää neu nüng.
Nicht sein überhaupt. Sprechen können nur wenig eins.
Aber nein. Ich kann Laotisch nur ein wenig.

khee thoot, kheu teeng laa pai keen.
Erbitten Strafe, ich müssen verlassen wegbewegen vor.
Verzeihung, ich muß gehen.

bee pen njang. phop kan mai.
Nicht sein was. Treffen refl. neu.
Das macht nichts. Bis zum nächsten Mal.

laa keen!
Verlassen vor!
Auf Wiedersehen!

sook dii!
Glück gut!
Alles Gute!

Unterwegs ...

In Laos sein, heißt unterwegs sein in der ursprünglichen Bedeutung des Wortes. Außer in der Hauptstadt Vientiane und einigen wenigen großen Städten gestaltet sich schon eine für europäische Verhältnisse kurze Fahrt zu einem Erlebnis besonderer Art. Seien es die abenteuerlich anmutenden Transportmittel oder die Tücken der zumeist nur aus festgefahrenem Erdreich bestehenden Straßen oder die Hitze und der überall aufwirbelnde rote Straßenstaub in der Trockenzeit bzw. Regen und Matsch in der Regenzeit oder ... Reisen in Laos hinterläßt bleibende Erinnerungen an eine bezwungene Entfernung. Daß man bei dieser Art Landerkundung die laotische Bevölkerung auf eine besonders natürliche Art und Weise kennenlernt, macht das Reisen um so interessanter.

phuuak–hau jaak döön thaang pai savannakhet.
Mehrz.–ich wollen reisen Weg wegbewegen Savannakhet.
Wir möchten nach Savannakhet reisen.

pai paksee kin weelaa thau dai?
Wegbewegen Paksé essen Zeit gleich welche?
Wie lange dauert die Reise nach Paksé?

kheu pai lin süü süü.
Ich wegbewegen spielen gerade gerade.
Ich gehe einfach spazieren.

kheu jaak som tuua müüang.
Ich möchten anschauen Körper Stadt.
Ich möchte die Stadt besichtigen.

Ortsangaben

nüüa		Norden
tai		Süden
taawen–ɵɵk	Sonne–herauskommen	Osten
taawen–tok	Sonne–fallen	Westen

Bei der Angabe der Himmelsrichtung unterscheidet man im Laotischen zwischen der Richtung und der Region, z.B.:

thaang–nüüa
Weg–Norden
nördlich

phaak–nüüa
Region–Norden
der Norden

Dementsprechend heißt es:

pai thaang–nüüa
wegbewegen Weg–Norden
nach Norden (gehen/fahren)

juu phaak–nüüa
befinden Region–Norden
im Norden (sein)

hoong–saai haang tjaak nii thau dai?
Gebäude–Linie entfernt von hier gleich wie?
Wie weit ist die Post von hier entfernt?

pai thaat luuang pai thaang dai?
Wegbewegen That Louang wegbewegen Weg welcher?
Wie komme ich zum That Louang? (Die größte Stupa in Laos ist das Wahrzeichen von Vientiane.)

baan sookpaaluuang juu–sai?
Dorf Sokpalouang befinden–wo?
Wo befindet sich das Dorf/Stadtviertel Sokpalouang?

Mögliche Antworten könnten sein:

pai süü süü.
Wegbewegen gerade gerade.
Gehen sie geradeaus.

liau kwaa / saai.
Wenden rechts / links.
Wenden sie sich nach rechts/links.

pai hoot thaang–khop lääo ...
Wegbewegen bis Weg–treffen dann ...
Gehen Sie bis zur Kreuzung, dann ...

Im Stadtviertel Sokpalouang von Vietiane befindet sich u.a. die deutsche Botschaft. Da die wenigsten Straßen und Wege einen Namen tragen, fragt man in der Regel nach dem Stadtviertel oder einem markanten Punkt wie Pagoden, Märkte, Denkmäler usw. in der Nähe des gesuchten Ortes. In Vientiane wären das zum Beispiel:

vat sisaket	Pagode Sisaket
talaat sau Markt Morgen	Morgenmarkt (größter Markt und das Zentrum von Vientiane)
döön bin wattai Platz fliegen Wattay	Flugplatz Wattay (internationaler Flugplatz Vientianes)
hoong-hääm laan saang Gebäude-nächtigen Mio. Elefant	Hotel Lane Xang (größtes Hotel Vientianes)
thanon saamsenthai Straße Samsenthai	Straße Samsenthai (zentrale Einkaufstraße Vientianes)

...mit öffentlichen Verkehrsmitteln

Innerhalb der Städte kann man die Mehrzahl der gesuchten Orte auch zu Fuß erreichen. Besonders praktisch ist ein Fahrrad **lot-thiip**, das man allerdings nur sehr selten ausgeliehen bekommt. Daneben bieten sich die traditionellen Dreiräder (**saam lɵɵ**) in der Fahrrad- und Motorradversion als billiges Beförderungsmittel an. Etwas bequemer, wenn auch nicht mit dem gewohnten Standard, fährt es sich im Taxi. Für Reisen in die Umgebung gibt es Busse, in denen man das pralle laotische Leben vortrefflich studieren kann. Eisenbahnlinien existieren in Laos nicht. Wer über Land reist, nutzt eine der bisher wenigen Busrouten, Schiffe auf dem Mekong oder das Flugzeug für den schnellen Transport in andere Provinzen.

Bevor die einzelnen Beförderungsarten abgehandelt werden, seien einige allgemein geltende Redewendungen vorgestellt. "Mit einem Fahrzeug fahren" wird übersetzt:

khii ... pai
Reiten ... wegbewegen.
Fahren mit ...

pai duuai ...
Wegbewegen mit ...
Fahren mit ...

lot-thiip	Fahrrad (Fahrzeug-treten)
saam-lɵɵ	Samlo (drei-Rad)
lot-taksii	Taxi (Fahrzeug-Taxi)
lot (ootoo)	Auto (Fahrzeug-Auto)
lot-mee	Bus (Fahrzeug-Post)
hüüa	Boot
hüüa-bin	Flugzeug (Boot-fliegen)

pai kap
wegbewegen zurückkehren
hin und zurück

süü pii
kaufen Ticket
Ticket kaufen

... mit Taxi und Samlo

kheu tøøng-kaan lot-taksii/saamløø.
Ich müssen-Sache Fahrzeug-Taxi/samlo.
Ich benötige ein Taxi/samlo.

tjau pai talaat lääng bøø?
Sie wegbewegen Markt Nachmittag FP?
Fahren Sie zum Spätmarkt?

phaa kheu pai hoong-hääm dää.
Begleiten ich wegbewegen Gebäude-nächtigen Aufforderung.
Bringen Sie mich ins Hotel.

Der Preis ist stets vor Fahrtantritt auszuhandeln. Von Vorteil ist, wenn man sich zuvor bei laotischen Bekannten erkundigt hat, wie hoch der Betrag in etwa liegt, da die 'reichen' Ausländer gerechtermaßen immer etwas stärker zur Kasse gebeten werden.

tjau au thau-dai?
Sie nehmen gleich-wie?
Wieviel nehmen Sie?

laakhaa thau-dai?
Preis gleich-wie?
Wie hoch ist der Preis?

phääng phoot, lut laakhaa dää!
Teuer zusehr, verringern Preis Aufforderungspartikel!
Das ist zu teuer, vermindern Sie den Preis!

kheu si bøøk thaang hai.
Ich Zuk. sagen Weg übermitteln.
Ich werde Ihnen den Weg zeigen.

jut/thaa juu-nii!
Halten/warten befinden-hier!
Halten/warten Sie hier!

pai iik!
Wegbewegen noch!
Fahren sie weiter!

... im Bus

sathaanii lot–mee juu–sai?
Station Fahrzeug–Post befinden–wo?
Wo befindet sich die Busstation?

juu mo mo nii mii bɵɵn tjood lot–mee bɵɵ?
Befinden nahe nahe hier haben Ort parken Fahrzeug–Post FP?
Gibt es in der Nähe eine Bushaltestelle.

pai ... tɵɵng au lot–mee namböö dai?
Wegbewegen ... müssen nehmen Fahrzeug–Post Nummer welcher?
Nach ... , welchen Bus muß ich da nehmen?

lot–mee pai ... si ook tjak moong?
Fahrzeug–Post wegbewegen ... Zuk. hinaus wieviel Uhr?
Um wieviel Uhr fährt der Bus nach ... ab?

khon–khap–lot
Person–führen–Auto
Fahrer

khon–dooisaan
Person–Passagier
Passagier, Insasse

hiip–khüüang	Koffer–Ding	Gepäck
hiip		Koffer
thong–pee	Tasche–buckeln	Rucksack

... mit dem Schiff

thaa hüüa juu–sai?
Hafen Schiff befinden–wo?
Wo befindet sich der Hafen (Anlegestelle)?

kheu jaak khii hüüa pai Savannakhet.
Ich wollen reiten wegbewegen Savannakhet.
Ich möchte per Boot nach Savannakhet fahren.

weelaa-dai si ook pai?
Zeit-welche Zuk. hinaus wegbewegen?
Wann fährt man ab?

weelaa-dai si hoot?
Zeit-welche Zuk. bis?
Wann kommt man an?

sau hüüa dai juu-sai?
Leihen Boot können befinden-wo?
Wo kann man ein Boot ausleihen?

hüüa-tjak
Boot-Motor
Motorboot

hüüa-phaai
Boot-rudern
Ruderboot

mää-nam	Mutter-Wasser	Fluß
kääng		Stromschnellen
nam-tok	Wasser-fallen	Wasserfall
fang-mää-nam	Ufer-Mutter-Wasser	Flußufer
naai-hüüa	Chef-Schiff	Kapitän

Flugzeug

boolisat kaan bin laao juu-sai?
Gesellschaft Sache fliegen laotisch befinden-wo?
Wo befindet sich die laotische Fluggesellschaft?

wan dai mii hüüa-bin pai luuangphabaang?
Tag welcher haben Boot-fliegen wegbewegen Luangprabang?
An welchen Tagen gibt es ein Flugzeug nach Luangprabang?

kheu jaak tjoong boon-nang samlap wantjan.
Ich wollen bestellen Platz-sitzen für Montag.
Ich möchte einen Platz für Montag buchen.

tjak moong toong tjääng tuua juu döön bin?
Wieviel Uhr müssen erscheinen sich befinden Platz fliegen?
Um wieviel Uhr muß man sich auf dem Flugplatz melden?

haam au ɵɵk / khau patheet
verbieten nehmen hinaus / hinein Land
Ausfuhr / Einfuhr verboten

phaan kuuat phaasii
durchlaufen kontrollieren Zoll
Zollkontrolle durchlaufen

banthük hiip-khüüang dai juu-sai?
Registrieren Koffer-Ding können befinden-wo?
Wo kann man sein Gepäck aufgeben?

... mit eigenem Fahrzeug

Der Autoverleih in Laos befindet sich noch in den Kinderschuhen. Aber alles ist im Fluß, und so sollen auch diejenigen nicht ohne sprachliche Hilfe bleiben, die mit dem Auto unterwegs sind.

khap lot	lenken Fahrzeug	Auto lenken
khii lot	reiten Fahrzeug	Auto fahren
bai-khap-khii	Blatt-lenken-reiten	Führerschein

juu-sai sau lot dai?
Befinden wo mieten Fahrzeug können?
Wo kann man ein Auto mieten?

khaa sau suua moong nüng / müü nüng thau-dai?
Preis mieten Stunde eins / Tag eins gleich-welcher?
Wie hoch ist der Mietpreis für eine Stunde / einen Tag?

pam-nam/man juu-sai?
Pumpe-Benzin befinden-wo?
Wo befindet sich eine Tankstelle?

sai nam/man tem thang / saau lit!
Füllen Benzin voll Tank / zwanzig Liter!
Tanken sie voll / zwanzig Liter.

● **nam/man** kann gleichermaßen Öl und Benzin heißen. Will man genau sein, heißt Benzin **etsang**.

nam/man thamadaa Benzin normales
nam/man phiseet Benzin extra

Die laotischen Straßenverkehrsregeln sind im Detail nicht immer klar und äußerst fahrradfahrer- und fußgängerfreundlich. Man kann nur immer dazu raten, so langsam zu fahren, daß man auf jede noch so unerwartete Handlung der vielen Radfahrer rechtzeitig reagieren kann.

kheu kööt upatiheet.
Ich entstehen Unfall.
Ich habe einen Unfall.

lot tam kan.
Fahrzeug stoßen reflexiv.
Die Autos sind zusammengestoßen.

lot jiiap khon
Fahrzeug stoßen Person.
Das Auto hat jemanden angefahren.

mii khon tjep / taai.
Haben Person krank / tot.
Es gibt Verletzte/Tote.

pai öön tamluuat / naaiphäät maa.
Wegbewegen rufen Polizist / Arzt herbewegen.
Rufen sie die Polizei / einen Arzt herbei.

Sollten Sie Probleme mit dem Auto haben, können Sie sich ruhig den laotischen Reparaturkünstlern anvertrauen. Auch ohne große Erklärungen wird man Ihnen, zur Not mit geschickter Improvisation, helfen.

lot kheu taai.
Fahrzeug ich tot.
Ich habe eine Panne.

tjak lot bəə tit.
Motor Fahrzeug nicht starten.
Der Motor springt nicht an.

məə–fai taai
Topf–Feuer tot.
Die Batterie ist leer.

fai bəə saak.
Feuer nicht laden.
Es gibt keinen Ladestrom.

suuai kää lot kheu pai haan–pääng–lot dää.
Helfen ziehen Fahrzeug ich gehen Einrichtung–reparieren–Fahrzeug Aufforderung.
Bitte schleppen sie mich zur Werkstatt.

tjeed jaang nii dää.
Schweißen Gummi dieser Aufforderung.
Flicken Sie bitte diesen Reifen.

suup lom dää.
Saugen Wind Aufforderung.
Bitte pumpen Sie Luft auf.

seempääng lot kheu dai bee?
Reparieren Fahrzeug ich können FP?
Können sie mein Auto reparieren?

kheu mii banhaa kap: Ich habe Probleme mit:

tjak		Motor
mee–nam	Topf–Wasser	Kühlung
mee–fai	Topf–Feuer	Batterie
lee		Rad
kia		Schaltung
haam		Bremse
leng		Gas geben
khüüang–pan–fai	Gerät–wandeln–Feuer	Lichtmaschine
fai naa / lang	Feuer vorn / hinten	Vorder/Rücklicht

khaa seempääng thau–dai?
Preis reparieren gleich–welcher?
Wie teuer ist die Reparatur?

weelaa–dai si lääo?
Zeit–welche Zuk. fertig?
Wann wird es fertig sein?

Auf dem Lande

Egal, ob man in der Stadt oder auf dem Land unterwegs ist, das tägliche Leben der Bewohner und die Landschaft sind durch die Landwirtschaft geprägt. Auch unmittelbar im Zentrum der Hauptstadt finden sich Reisfelder und Gemüsegärten und laufen Büffel über die Straße. Selbst hohe Staatsfunktionäre müssen aufgrund der niedrigen Löhne ihren Unterhalt mit den Produkten aus dem eigenen Garten und mit Viehzucht aufbessern. So hat denn fast jeder Laote auch bäuerliche Erfahrungen und Vorstellungen. Deshalb ist es durchaus höflich, sich nach den Geschicken der Lebensmittelproduktion des Gesprächspartners zu erkundigen.

tjau liang sat boo?
Sie füttern Tier FP?
Halten Sie Tiere?

tjau, kheu liang... Ja, ich halte...

kai	Hühner
pet	Enten
pet-kai	Geflügel
paa	Fische
khwaai	Büffel
nguua	Rind
muu	Schwein
maa	Pferd (3.Ton, s.u. Töne)
maa	Hund (5.Ton, s.u. Töne)
määo	Katze
nok	Vogel
kataai	Kaninchen
bää	Ziege

Diese Wörter können Einzahl wie Mehrzahl bedeuten. Spricht man von einem bestimmten Tier, heißt es **too...** (= Stück) z.B.: **too muu** (das Schwein). Zum Zählen s. dort. Da wir gerade dabei sind, folgen noch einige wichtige Namen von Tieren, die allerdings weniger unter "Haustiere" fallen

njung	Mücke	**määng**	Insekt
mot	Ameise	**puuak**	Termiten
kop	Frosch	**nguu (phit)**	(Gift) Schlange
nuu	Maus	**nuu paa**	Ratte
saang	Elefant	**khää**	Krokodil
süüa	Tiger	**määng kabüüa**	Schmetterling
kung	Krebs	**kapuu**	Krabbe
kapkää	Gecko	**määng-ngeet**	Skorpion
tjii-ko	Eidechse	**muu-paa**	Wildschwein

tjau mii suuan phak / dook-mai bee?
Sie haben Garten Gemüse / Blüte-Holz FP?
Haben Sie einen Gemüsegarten / Blumengarten?

Tjau, kheu puuk ... Ja, ich baue ... an.

dook-mai	Blüte-Holz	Blume
dook-kuuai-mai		Orchidee
dook-buua		Lotus
phak		Gemüse
ton-maak-mai	Stamm-Frucht-Holz	Obstbaum
(Genauere Bezeichnungen der Obstsorten s.u. Markt)		

Reis

In Abhängigkeit von der Regenzeit **laduu-fon** (= Regensaison) (Mai-Oktober) und Trockenzeit **laduu-lääng** (= Trockensaison) (November-April) gestaltet sich der Rythmus des Reisanbaus in mehreren Perioden.

Prinzipiell wird zwischen bewässerten Reisfeldern **naa** und unbewässerten **hai** unterschieden. Daher auch die Bezeichnung für die

Bauern **saau naa, saau hai** bzw. **saau hai naa** als Sammelbegriff.

Von der Vielzahl der ländlichen Tätigkeiten und Begriffe seien nur einige wichtige genannt, mit deren Hilfe man leicht ins Gespräch kommen kann:

het naa	machen Reisfeld	Reisfeld bearbeiten
thai		pflügen
dam naa	stecken Reisfeld	Reispflanzen stecken
kiiau khau	sicheln Reis	Reis ernten
faad khau		dreschen Reis
sii khau		schälen Reis

tjau het naa lüü hai?
Sie machen Naßreisfeld oder Trockenreisfeld?
Bauen sie Naßreis oder Trockenreis an?

laduu nii phonlapuuk si dii bɵɵ?
Saison diese Ernteergebnis Zuk. gut FP?
Wird die nächste Ernte gut?

Übernachten

Wie schon erwähnt, entsteht die touristische Infrastruktur in Laos erst schrittweise. Hotels (**hoong-hääm**) im eigentlichen Sinn gibt es nur in wenigen großen Städten. Den gewohnten Hotelstandard sollte man dort nicht erwarten. Wegen billigen Privatunterkünften, die zudem einen unmittelbaren Einblick in das Leben der Bevölkerung ermöglichen, achte man auf aktuelle Informationen an Ort und Stelle. Für harte Traveller kommt noch eine weitere Unterkunftsmöglichkeit in Betracht und zwar in den Pagoden (**wat**), die es in fast jeder Ortschaft gibt. Oft verfügen sie über ein Gästehaus (**hɵɵ-khääk**), eine überdachte Schlafstelle ohne jeden Service.

juu nii phak sau dai juu-sai?
Befinden hier erholen einhalten können befinden-wo?
Wo kann man hier nächtigen?

phaa kheu pai hoong-hääm / hee-khääk dää.
Begleiten ich wegbewegen Gebäude-nächtigen / Gebäude-Gast Aufforderung.
Bringen Sie mich zum Hotel / Gästehaus.

kheu jaak dai heeng neen tiiang diiau / seeng tiijang.
Ich möchten bekommen Zimmer schlafen Bett einziger / zwei Bett.
Ich möchte gern ein Einzel-/Doppelzimmer.

phuuak-hau si juu sip müü.
Mehrz.-ich Zuk. befinden zehn Tag.
Wir werden zehn Tage bleiben.

laakhaa thau-dai?
Preis gleich-wie?
Wie hoch ist der Preis?

heeng nii...

Dieses Zimmer ist...

phääng phoot	teuer zusehr	zu teuer
neu phoot	klein zusehr	zu klein
heen phoot	warm zusehr	zu warm
müüd phoot	dunkel zusehr	zu dunkel
phee dii	genug gut	gerade richtig
püüan		schmutzig

nai heeng mii ...
nai heeng mii ... bee?

Im Zimmer gibt es ...
Gibt es im Zimmer ...?

fai-faa	Feuer-Himmel	Strom
aai-jen	Luft-kalt	Klimaanlage
heeng-naam	Zimmer-Wasser	Bad, Toilette
thoolasap		Telefon
tuu-jen	Schrank-kalt	Kühlschrank
phat-lom	wedeln-Wind	Ventilator
mung		Moskitonetz

hɵɵng tjau mään hɵɵng leek thii saau-hok juu san sɵɵng.
Zimmer Sie sein Zimmer Nummer die 20-6 befinden Etage zwei.
Ihr Zimmer ist das Zimmer Nummer 26 in der 2. Etage.

faak khüüang thii mii muun-khaa nam tjau dai bɵɵ?
Aufgeben Gegenstand der haben Wert - Wert mit Sie können FP?
Kann man bei Ihnen Wertgegenstände deponieren?

tjɵɵng	bestellen
luuk-ka/tjää	Schlüssel
ka/tjää	Schloß
laakhaa	Preis
phaapuu bɵɵn-nɵɵn	Laken
mɵɵn	Kissen
thiian	Kerze
phaa-hɵm	Decke (Stoff)
tiiang	Bett
naam tom	abgekochtes Wasser
sabuu	Seife
khandai	Treppe
san	Etage
leek thii	Nummer
takiiang	Lampe

puk kheu tjet moong sau dää.
Wecken ich sieben Uhr morgens Aufforderung.
Wecken Sie mich um sieben Uhr früh.

kin khau dai tää tjak moong?
Essen Reis können von wieviel Uhr?
Ab wieviel Uhr kann man essen?

Essen und Trinken

Zur Bezeichnung der Malzeiten werden die gleichen Namen wie für die Tagesabschnitte verwendet (s. Zeitangaben).

kin-khau-sau	essen-Reis-Morgen	frühstücken
kin-khau-suuai	essen-Reis-Mittag	zu Mittag essen
kin-khau-lääng	essen-Reis-Nachmittag	zu Abend essen

Laotische Küche bekommt man vor allem in der Familie oder am Straßenrand. Die Mehrzahl der in Restaurants **haan-aahaan** (Einrichtung-Speise), in Imbißlokalen **haan-kin-düüm** (Einrichtungessen-trinken) und in (meist chinesischen) Suppenküchen **haan-föö** (Einrichtung-Nudelsuppe) angebotenen Speisen und Getränke sind Übernahmen aus der französischen, chinesischen oder vietnamesischen Küche.

au laai-kaan aahaan hai dää!
Nehmen Liste-Ding Speisen übermitteln Aufforderung!
Bringen Sie bitte die Speisekarte!

au njang kin / düüm?
Nehmen was essen / trinken?
Was nehmen Sie zu essen / trinken?

kheu jaak dai ...
Ich möchte bekommen ...

lai ngön dää!
Rechnen Geld Aufforderung!
Die Rechnung bitte!

Frühstück

khau-tjii	Reis-backen	Brot (gemeint ist Weißbrot)
böö		Butter

nam-nom-som	Wasser-Milch-sauer	Joghurt
saai-uua	Linie-Wurst	Wurst
khai tom	Ei kochen	gekochtes Ei
khai daau	Ei-Stern	Spiegelei
khai khuua	Ei-braten	Omelett

Hauptmahlzeit

kääng		Suppe
kääng paa,- kai,- phak	Suppe Fisch, Huhn, Gemüse	Fisch-, Hühner-, Gemüsesuppe
mii naam	Nudeln, Wasser	Nudelsuppe
khuua siin nguua,- muu	braten Fleisch Rind, Schwein	gebratenes Rind-, Schweinefleisch
luuk siin	Kind Fleisch	Frikadellen
kai tom	Huhn kochen	gegartes Hühnerfleisch
paa tjüün	Fisch backen	gebackener Fisch
kung		Krebs
föö khuua	Nudeln braten	gebratene breite Nudeln mit kurzgebratenen Fleischscheibchen in Soße mit Wasserspinat
mii khuua	Nudeln braten	dasselbe, nur mit schmalen Nudeln
khau-tjau		normaler Reis
khau phat	Reis braten	gebratener Reis mit Ei, Fleisch u.a.
man-faalang	Batate-französisch	Kartoffeln
salat phak	Salat Gemüse	Gemüsesalat
khuua maak-thuua	garen Frucht-Banane	gegarte Bohnen
khuua nөө-mai	garen Sproß-Holz	gegarte Bambusspitzen

Nachspeise

kaalem		Speiseeis
maak-mai	Frucht-Holz	Obst (Sorten s. Markt)
khau-nom	Reis-Milch	Gebäck, Kuchen

Getränke

kaafee (dam)		(schwarzer) Kaffee
kaafee nəm	Kaffee Milch	Kaffee mit Milch
nam-saa	Wasser-Tee	Tee
nam-nom	Wasser-Milch	Milch
nam-waan	Wasser-süß	Brause u.ä.
nam-maak-mai	Wasser-Frucht-Obst	Obstsaft
nam-bəə	Wasser-Quelle	Mineralwasser
biia		Bier
lau		Alkohol
lau-weng (dääng/ khaau)	Alkohol-Wein (rot/ weiß)	Wein (rot/weiß)

Gewürze

küüa	Salz	**nam-taan**	Zucker
phikthai	Pfeffer	**nam-som**	Essig
phak-həəm	Kräuter	**maak-phet**	Chili

Gedeck

mit	Messer	**buuang**	Löffel
səəm	Gabel	**mai-thuu**	Stäbchen
tjook	Glas,Tasse	**tjaan**	flacher Teller
thuuai-saan	Geschirr	**thuuai**	Schüssel, tiefer Teller

Auswahl laotischer Gerichte und Getränke

khau niiau
Klebreis – das laotische Hauptnahrungsmittel. Wird mit der Hand in Soßen getunkt und oft zusammen mit **laap** (s.u.) und aromatischen Kräutern verzehrt. In spezielle, aus Bambus geflochtene Behältnisse verpackt, eignet er sich auch vorzüglich als Wegzehrung.

laap
Existiert in vielen Varianten. Hauchdünn geschabtes Fleisch, roh oder kurz überbrüht, mit Minze und anderen Kräutern angerichtet. Berüchtigt ist der "Tigerlaap" **laap süüa** wegen seines rohen Fleisches.

paa dääk
Aus vergorenem Fisch und vielen Zutaten, die sich zu einer dunklen stinkenden Soße verbinden, die von Ausländern nur selten heruntergebracht wird.

tom maak hung
Salat aus gestampften grünen Papayaschnitzeln mit verschiedenen Gewürzen (u.a. **paa dääk**) und Früchten, meist sehr scharf.

khau pun
Weiße Nudeln mit einer Suppe aus Hühnerfleisch speziell gewürzt mit Ingwer u.a.. Bei Feiern wird häufig zur Geschmacksverstärkung eine Prise Marihuana beigegeben.

föö
Eigentlich chinesische Nudelsuppe. In der laotischen Variante werden Fleischbällchen, geschnittene Innereien, Sojakeimlinge, gebratener Knoblauch u.a. beigefügt. Sehr gut als schnelle Malzeit an den Imbißständen.

ooliiang
Schwarzer Kaffee über Eis gegossen.

lau laao
Laotischer Reisschnaps, selten sehr stark, dafür aber meist warm und somit sehr wirksam

lau hai
Reiswein, wird in Tonkrügen (**hai**) angesetzt und durch Bambusröhrchen gesaugt. Vor allem in ländlichen Gebieten anzutreffen.

Und so schmeckt das Essen:

(bəə) sääp	(nicht) schmackhaft	**puk**	kräftig (Getränke)
suk dii	gar, reif	**suk diip**	halbgar
diip	roh	**khem**	salzig
som	sauer	**waan**	süß
som waan	süßsauer	**phet**	scharf
həən	heiß	**jen**	kalt

dai siia khun lääo
Verg. verlieren Qualität schon
verdorben

bəə phet dää!
Nicht scharf Aufforderung!
Bitte nicht scharf!

Einkaufen

Das Einkaufen kann sich in Laos zu einem Freizeiterlebnis besonderer Art gestalten, wenn man genügend Zeit mitbringt und nicht nur auf den Warenerwerb fixiert ist. Auch wenn staatliche und genossenschaftliche Geschäfte sowie einige wenige Supermärkte um Kundschaft werben – der Hauptumschlagplatz von Waren aller Art bleibt der traditionelle Markt **(talaat)**, der sich zumeist im Zentrum der Stadt befindet. Und hier gilt es, unter einer Vielzahl von konkurrierenden Kleinhändlern das beste Angebot herauszufinden und nach bestem Vermögen den Preis auszuhandeln.

Geht man durch die Gassen zwischen den Ständen hindurch, locken die zumeist weiblichen Händler mit **madam** oder **messö**. Derart angesprochen ist es nun ein leichtes, ins Gespräch zu kommen und seine Laotischkenntnisse zu erproben. Die **mää khaa** (Mutter Handel) sind meist dankbare Gesprächspartner, verschönt man ihnen doch den Berufsalltag. Zudem haben sie sich an das Kauderwelsch von Ausländern gewohnt, was sie allerdings nicht davon abhält, bei sprachlichen Fehltritten in wieherndes Gelächter auszubrechen, in das bald die ganze Ladengasse einfällt. Dann heißt es mitzulachen und den nächsten Scherz anzubringen.

haan-khaa	Einrichtung-Handel	Geschäft
kaan-khaa	Ding-Handel	der Handel, das Handeln
het kaan-khaa	machen Ding-Handel	handeln
süü (khüüang)	kaufen (Gegenstand)	kaufen
khaai (khüüang)	verkaufen (Gegenstand)	verkaufen
tee		feilschen
sin-khaa	Ding-Handel	Ware
phee-khaa	Vater-Handel	Händler
luuk-khaa	Kind-Handel	Kunde

kheu jaak süü ...
Ich möchten kaufen...
Ich möchte gern ...

kheu seek haa...
Ich suchen suchen ...
Ich suche...

mii tää thau nii bee?
Haben nur gleich dieser FP?
Haben Sie nur dies?

an üün mii bee?
Klass. anderer haben FP?
Haben Sie noch andere?

lüüak au dai bee?
Auswählen nehmen dürfen FP?
Kann man auswählen?

siim dai bee?
Kosten dürfen FP?
Darf man mal kosten?

(an nii) laakhaa thau-dai?
(Klass. dieser) Preis gleich-wie?
Wie teuer (ist das)?

kheu jaak dai an nii
Ich wollen bekommen Stück dieses.
Ich möchte das.

Hat man den Preis erfragt, kann man folgendermaßen handeln:

phääng phoot!
teuer zuviel
Das ist zu teuer!

au ... sa!
Nehmen ... Partikel!
Sagen wir ... !

lut bee dai.
Verringern nicht können.
Billiger geht es nicht.

au!
Nehmen!
Ist gut!

Hat man sich beim Handeln geschickt angestellt, bekommt man unter Umständen sogar ein Kompliment: **tee keeng** (feilschen geschickt).

Mengenangaben erfolgen entweder in Kilo oder in Stück, wobei für Früchte zumeist das Zählwort (Klassifikator) **nuuai** für runde Dinge, ansonsten der allgemeine Klassifikator **an**, verwandt wird:

tjau au tjak kiloo / nuuai?
Sie nehmen wieviel Kilo / Stück?

khöng kiloo	**kiloo nüng**	**kiloo khöng**	**sɵɵng kilo**
1/2 Kilo	Kilo eins	Kilo 1 1/2	zwei Kilo

maak–kiiang saam nuuai
Frucht–Apfelsine drei Stück
drei Apfelsinen

maak–kuuai sii nuuai
Frucht–Banane vier Stück
vier Bananen

Obst und Gemüse

Alle Bezeichnungen für Obst beginnen mit **maak** (= Frucht).

maak–mai	Obst	**phak**	Gemüse
maak–kuuai	Banane	**phak–buua**	Zwiebel
maak–moo	rote Melone	**phak–thiam**	Knoblauch
maak–phaau	Kokosnuß	**maak–phet**	Chili
maak–lintjii	Leechy	**phak–hɵɵm**	Gewürzkraut
maak–nat	Ananas	**salat**	Grüner Salat
maak–hung	Papaya	**maak–len**	Tomate
maak–muuang	Mango	**maak–tääng**	Gurke
maak–kiiang	Apfelsine	**kalampii**	Kohl
maak–nam–nom	Milchfrucht	**man–falang**	Kartoffeln
maak–ngɵɵ	Rambutan	**man–daang**	Batate
maak–naau	Zitrone	**maak–khüüa**	Aubergine
maak–pom	Apfel	**het**	Champignon
maak–pään	Mandarine	**nɵɵ–mai**	Bambusspitze
ɵɵi	Zuckerrohr		

maak–mangkhut	Mangustiene
maak–ang/ngun	Weintrauben
maak–tääng–suk	gelbe Melone
(maak) thuua–din	Erdnuß
(maak) thuua–khiiau	Erbsen
(maak) thuua–lüüang	gelbe Bohnen
(maak) thuua–ŋjaau	grüne Bohnen
(maak) thuua–ngɵɵk	Bohnenkeimlinge

Lebensmittel

siin	Fleisch	**khau-tjii**	Weißbrot
siin-muu	Schweinefl.	**khau-niiau**	Klebreis
siin-nguua	Rindfleisch	**khau-tjau**	körniger Reis
kai	Huhn	**pääng**	Mehl
pet	Ente	**khai-pet**	Entenei
khai	Ei (Hühner)	**nam/man**	Öl
nam-nom	Milch	**böö**	Butter
nam-taan	Zucker	**froma, nööi**	Käse
saai-uua	Wurst	**sup-hääng**	Beutelsuppe
paa	Fisch	**paa-thalee**	Meeresfisch
khau-nom	Kuchen	**kapeeng**	Konserve
kheeng-waan	Süßigkeit	**paamää-nam**	Flußfisch

Bekleidung

sut-komplee	Anzug	**muuak**	Hut, Mütze
song	Hose	**kööp**	Schuhe
kapong	Rock	**sin**	laot. Rock
phaa	Stoff	**kadum**	Knopf
namböö	Größe	**kööp-tä**	Sandale
süüa	Hemd, T-Shirt	**saai-ääo**	Gürtel
süüa-njai	Jacke, Mantel		
süüa-un	Pullover, warme Oberbekleidung		
faai	Baumwolle		
mai	Seide	**süüa-seen**	BH
khon **njee**	Wolle		
phaa-utsahakam	Kunstfaser		

nung leeng böng dai bee?
Anziehen probieren ansehen dürfen FP?
Darf man das mal anprobieren?

an nii neu / njaai phoot.
Stück dieses klein / groß zusehr.
Das ist zu klein / groß.

Kunsthandwerk und Souvenire

kheu seek kheeng–teen samlap miia kheu.
Ich suche Ding–empfangen für Frau ich.
Ich suche ein Geschenk für meine Frau.

khüüang silapa hathakam khaai juu saai?
Gegenstand Kunst Handwerk verkaufen befinden–wo?
Wo verkauft man kunsthandwerkliche Erzeugnisse?

Empfehlenswert sind die typisch laotischen Röcke **sin**, deren Borte **tiin** (Fuß) kunstvolle Ornamente aufweist. Aber auch andere handgewebte Stoffe **phaa phüün müüang** und daraus gefertigte Waren sind gut als Souvenir geeignet. Interessant sind auch Holzschnitzereien **khüüang mai khwat** (Gegenstand Holz schnitzen) und Flechtarbeiten **khüüang saan** (Gegenstand flechten). Auch das traditionelle Blasinstrument der Laoten, die **khään**, eine orgelartig zusammengesetzte Bambusflöte, könnte ein bleibendes Erinnerungsstück sein.

ngön	Silber
kham	Gold
kääo	Edelsteine

Sonstiges

tjiia–khiian	Papier–schreiben	Schreibpapier
bik		Kuli
mai–khiit–fai	Holz–reiben–Feuer	Streichhölzer
kok–jaa–suup	Stück–Tabak–saugen	Zigaretten
sabuu		Seife
sabuu–fun	Seife–Staub	Waschpulver
tjiia–aanamai		Toilettenpapier

und vieles andere mehr könnten benötigt werden. Jedoch hat es der Käufer in Laos leicht. Er sieht alle Waren ausgebreitet und kann auch ohne Wörterbuch die hier nicht angeführten Dinge leicht erstehen.

Zu Gast sein

Ist man Laoten etwas nähergekommen, kann es durchaus sein, daß man in das Haus des Bekannten eingeladen wird. Ein Blumenstrauß **see-deek-mai** (Buket-Blüte-Holz) für die Gastgeberin und ein paar Süßigkeiten **khüüang-waan** (Gegenstand-süß) für die Kinder stiften auch in Laos Freude und sorgen für den ersten Gesprächsstoff. Ist die Anwesenheit der Großeltern oder anderer alter Menschen zu erwarten, so könnte man auch ihnen eine kleine Aufmerksamkeit, eventuell ein kleines Souvenir **(thiilanük)** aus der Heimat überreichen. In jedem Fall gebietet die Höflichkeit, älteren Menschen besonders zuvorkommend gegenüberzutreten. Ansonsten geht es zwanglos zu.

söön pen kan eeng!
Gestatten sein reflexiv selbst!
Bitte fühlen Sie sich wie zu Hause!

Um bei der Vorstellung der Familie nicht lange rätseln zu müssen, sei im folgenden eine vereinfachte Liste für Bezeichnungen der lieben Verwandschaft vorgestellt:

phuua	Ehemann	**miia**	Ehefrau
phii-neeng	Verwandter	**phee-mää**	Eltern
phee-thau	Großvater	**mää-thau**	Großmutter
lung	älterer Onkel	**paa**	ältere Tante
aau	jüng. Onkel	**aa**	jüngere Tante
phee	Vater	**mää**	Mutter
neeng-saai	jüng. Bruder	**neeng-saau**	jüng. Schwester
aai	ält. Bruder	**üüai**	ält. Schwester
luuk-saai	Sohn	**luuk-saau**	Tochter
laan-saai	Enkel, Neffe	**laan-saau**	Enkelin, Nichte
aai-khööi	ält. Schwager	**üüai-phai**	ält. Schwägerin
neeng-khööi	jüng.Schwager	**neeng-phai**	jüng. Schwägerin
luuk-khööi	Schwiegersohn	**luuk-phai**	Schwiegertochter

khəə nenam hai huu–tjak. Nii mään ...
Erbitten empfehlen übertragen wissen–kennen. Dieser sein ...
Gestatten Sie mir, Ihnen ... vorzustellen.

kheu pen ... khəəng laao.
Ich sein ... von er/sie.
Ich bin sein/ihr ...

phuu nii mään ... khəəng kheu.
Mensch dieser sein ... von ich.
Das ist mein ...

Ist man zu den Mahlzeiten geladen, kann man sich auf laotische Kost freuen. Guten Appetit zu zeigen, dürfte auf der ganzen Welt vom Gast erwartet werden. Erst nach mehrmaligem Befolgen der Aufforderungen **au iik** (nehmen noch) = Greifen Sie zu! kann man verkünden, daß man **iim lääo** (satt schon) ist. Gibt es Getränke zum Anstoßen, eignen sich folgende Trinksprüche für jede Gelegenheit:

phüüa mitaphaap!	Für Freundschaft!	Auf die Freundschaft!
phüüa sukhaphaap!	Für Gesundheit!	Auf die Gesundheit!

Eine Besonderheit stellt die Einladung zu einer Familienfeier, z.B. einer Hochzeit **bun–täängdəəng** (Fest–Hochzeit), dar. Man erhält eine schriftliche Einladung **bat–söön** (Karte–einladen). Die als Geschenk vorgesehene Summe steckt man in einen Umschlag und gibt sie am Eingang ab. Trifft man mit dem Brautpaar **khuu somlot** zusammen, kann man ihnen folgendermaßen Glückwünsche aussprechen:

khəə hai phuuak–tjau tjong hak kan taləət siiwit.
Bitten übertragen Mehrz.–Sie daß lieben reflexiv ganz Leben.
Ich wünsche Ihnen, daß Sie sich das ganze Leben lieben.

Die recht umfangreiche Zeremonie kann hier nicht dargestellt werden. Ein paar Hinweise kann man dem folgenden Kapitel "Feste" entnehmen, denn den Hauptbestandteil bildet eine feierliche Geisterbeschwörung **suu khuuan**.

tjat phithii thaang saatsanaa / kaan
organisieren Zeremonie Weg Religion / Sache
die religiöse / offizielle Zeremonie organisieren

khau huuam dai bee?
Hineingehen gemeinsam dürfen FP?
Darf man daran teilnehmen?

phithii lööm ton tjak moong
Zeremonie anfangen Beginn wieviel Uhr?
Wann beginnt die Zeremonie?

Feste und Feiern

khon laao mak het bun.
Mensch laotisch mögen machen Fest.
Die Laoten mögen Feiern.

Sie genießen es geradezu, den Forderungen der buddhistischen Lehre und der Tradition in punkto Kulthandlungen nachzukommen. Nicht zufällig bedeutet **het bun** auch "Gutes tuen". Kaum ein Kult, der ohne Feier abgeht.

- Da wären einmal die großen buddhistischen Feiertage **bun thaang saatsanaa-phut** (Fest Weg Religion-Buddha), die nach dem Mondkalender für jedes Jahr neu berechnet, im ganzen Land stattfinden.
- Dazu kommen die staatlichen und die übernommenen internationalen Feiertage **bun saakon** (Fest international).
- Dann finden an genau errechneten Tagen zu Vollmond in den einzelnen Pagoden die Pagodenfeste **bun wat** statt, eine Abwechslung für das ganze Viertel.
- Die religiöse Laiengemeinde wiederum organisiert das Katin-Fest **bun kathin**, eine Art Spendensammlung für die Ausstattung der Stammpagode.

het-bun
machen-Fest
feiern

tjat phithii
organisieren Zeremonie
die Zeremonie organisieren

taam phithii kheu tɵɵng het ŋjang?
Entsprechend Zeremonie ich müssen machen was?
Was muß ich bei der Zeremonie tun?

phön het bun nii nai ookaat ŋjang?
Man machen Fest dieses in Anlaß welcher?
Aus welchem Anlaß findet dieses Fest statt?

Hier nun ein Orientierungskalender für die diversen Festlichkeiten.

Januar	
bun pii mai saakon	Internationales Neujahr
Februar	
bun makhabusaa	Fest des buddhist. Ordens
März	
bun saakon mää-ŋjing	Internationaler Frauentag
April	
bun pii mai laao	laotisches Neujahrsfest
Mai	
wan kammakɵɵn saakon	Internationaler Tag der Arbeiter
bun wisakhabuusaa	buddhistisches Gedenkfest aus Anlaß der Geburt, der Erleuchtung und des Todes Buddhas
bun bang fai	Raketenfest
Juli	
bun khau phansaa	Eintritt der Mönche in die Zurück-gezogenheit
August	
bun khau padap din	Fest der Ahnenspeisung

September	
bun khau salaak	Opferfest für die Ahnen und die Reisgeister
Oktober	
bun ɵɵk phansaa	Rückkehr aus der Zurückgezogenheit
bun suuang hüüa	Ruderfest
November	
bun vat siimüüang	Fest der Pagode Vatsimuong, des Vientianer Stadtheiligtums
Dezember	
wan saat	Nationalfeiertag (2.12.1975)
bunnamatsakaanpha thaatluuang	That–Louang–Fest, das Vientianer Stadtfest

Darüber hinaus wird jedes wichtige Ereignis im Leben der Menschen wie Geburt, Hochzeit, Genesung von einer Krankheit, Antritt einer größeren Reise usw. mit einem **baasii** (bzw. **suukhuan** in der Umgangssprache) bedacht. Da dieses Fest zum Stammritual für liebe Gäste gehört, kommen sehr viele Ausländer in den Genuß, Mittelpunkt eines **baasii** zu sein.

Die Zeremonie hat zum Ziel, die dem Körper innewohnenden, aber häufig flüchtigen Lebensgeister **(khuan)** zu animieren **(suu)**, sich wieder im Körper zu versammeln und dem Betreffenden die volle Lebenskraft zu sichern. Ist dies geschehen, werden die Handgelenke mit geweihten Baumwollfäden verbunden **(phuuk khään)**, die man drei Tage tragen sollte, damit die Geister nicht gleich wieder entfleuchen.

Die Zeremonie selbst ist zu umfangreich, um sie hier zu beschreiben. Der Gast ist jedenfalls gut beraten, die Hinweise seiner laotischen Freunde gewissenhaft zu befolgen und sich großzügig an der Finanzierung zu beteiligen – es geht schließlich um sein Wohl!

Buddhismus

Sie sind nicht zu übersehen, die buddhistischen Mönche mit ihren safrangelben Gewändern, kahlgeschorenen Köpfen und dem schwarzen Schirm gegen Sonne und Regen. Sie und die Pagoden manifestieren die Vorherrschaft der buddhistischen Religion im Land. Jede Lebensäußerung der Laoten ist vom Buddhismus geprägt. Deshalb würde dieses Thema allein schon mehrere Bücher füllen können. Da aber kein Ausländer, der sich mit Laos konfrontiert sieht, diesem Thema ausweichen kann, sei zumindest ein Grundwortschatz angeboten.

● Der tolerante und friedliche Charakter des Buddhismus äußert sich auch darin, daß man nach entsprechender Bitte bei angemessenem Verhalten religiöse Handlungen beobachten und fotografieren darf. Vor Betreten der Pagode sind die Schuhe auszuziehen.

saau-phut	Buddhist (Laie)	**samaneen**	Mönchsgemeinde
wat	Pagode	**phaphut**	Buddha
khuubaa	Mönch (über 20)	**tjua**	Mönch (unter 20)
saatsanaa	Religion	**saasanaa-phut**	Buddhismus
phaa-khum	Gewand	**thian**	Kerze
nop	Hände falten	**wai**	verneigen
suut mon	buddh. Formeln herbeten		
phaphutahuup	Statue Buddhas		
thüü saatsanaa	gläubig sein (glauben Religion)		

phuu-saai laao küüap thuk khon khööi khau buuat.
Mensch-männl. laotisch fast jeder Mensch irgendwann hineingehen Mönchssein.
Fast alle laotischen Männer waren einmal Mönch.

laao sik ɵɵk.
Er austreten hinausgehen.
Er verläßt das Mönchsdasein. (Wird wieder Laie.)

khuubaa bin thak baat.
Mönch sammeln füllen Sammelgefäß.
Die Mönche gehen Speisen einsammeln.

khoo thoot. böng phithii lä thaai-huup dai boo?
Erbitten Strafe. Schauen Zeremonie und abnehmen-Bild dürfen FP?
Verzeihung. Darf man zusehen und fotografieren.?

Fotografiern

Wer freundlich auf einen Laoten zugeht und ihn höflich um Fotoerlaubnis fragt, wird kaum abgewiesen werden. Vielfach gerät dann zwar der Schnappschuß zu einem gestellten Bild, aber die Beziehung zum betreffenden Menschen bleibt ungetrübt.

khɵɵ thoot. thaai–huup (tjau) dai bɵɵ.
Erbitten Strafe. Abnehmen–Bild (Sie) dürfen FP.
Verzeihung. Darf ich (Sie) fotografieren?

kɵɵng–thaai–huup Tube–abnehmen–Bild	Fotoapparat
fim khau dam Film weiß schwarz	s/w Film
fim sii Film Farbe	Farbfilm
huup–thaai Bild–abnehmen	Foto
laang–fim waschen–Film	entwickeln (Negativ)
at huup schließen Bild	Abzüge machen

at huup fim nii hai dää.
Schließen Bild Film dieser übertragen Aufforderung.
Bitte entwickeln Sie diesen Film und machen Sie Abzüge.

Bank und Geld

Die laotische Währung ist der Kip (**kiip**). Die kleinere Einheit, der At, hat aufgrund der Inflation nur noch Sammlerwert. Daneben kann man fast überall mit Valuta (**ngön–taa**), wie dem thailändischen Bath bezahlen. In den größeren Städten zirkuliert auch der US–Dollar.

piian ngön dai juu–sai?
Ändern Geld können befinden–wo?
Wo kann man Geld wechseln?

pai thanaakhaan pai thaang dai?
Wegbewegen Bank wegbewegen Weg welcher?
Wie gelange ich zur Bank?

pööt kong	eröffnen Konto
theek ngön	einzahlen Geld
theen ngön	abheben Geld

kheu jaak piian ngön baat pen ngön kiip.
Ich möchten ändern Geld Bath sein Geld Kip.
Ich möchte Bath in Kip umtauschen.

attaa piian ngön demak pen ngön dolaa thau dai?
Kurs ändern Geld DM sein Geld Dollar gleich wie?
Wie steht der Umtauschkurs DM zu Dollar?

attaa juu talaat
Kurs befinden Markt
Marktkurs

attaa thaang kaan
Kurs Weg Sache
offizieller Kurs

juu nii piian ngön taam attaa talaat lüü thaang kaan?
Befinden hier ändern Geld laut Kurs Markt oder Weg Sache?
Wechseln Sie hier zum Markt– oder offiziellen Kurs?

Post und Telefon

Will ein Ausländer in Laos postalische Dienste in Anspruch nehmen, erhält er einen tiefen Einblick, mit welchen technischen und sonstigen Widrigkeiten die Post so zu kämpfen hat, um die gewünschte Dienstleistung wenigstens ansatzweise zu erbringen. Um so größer die Freude, wenn ein Ferngespräch doch zustande kommt, oder ein verloren geglaubter Brief nach scheinbar mystischen Wegen doch noch sein Ziel findet. Im Mittelpunkt dieser mystischen Wege steht das Postamt **(hoong–saai)** Gebäude–Linie, zu dem man sich auch für die kleinste Erledigung begeben muß.

hoong–saai juu–sai?
Gebäude–Linie befinden–wo?
Wo befindet sich die Post?

kheu jaak song... Ich möchte schicken...

bat–paisanii Karte–Post	Postkarte
tjot–maai notieren–bedeuten	Brief
tjot–maai–duuan notieren–bedeuten–dringend	Eilbrief
tjot–maai long thabian notieren–bedeuten hinunter registrieren	Einschreiben
hee–khüüang einpacken–Ding	Paket, Päckchen
thoolaleek	Telegramm

song an nii thöng njialaman phääng thau dai?
Schicken Klass. dieses nach Deutschland teuer gleich wie?
Wie teuer ist es, das hier nach Deutschland zu schicken?

song thaang aakaat dää!
Schicken Weg Luft Aufforderung!
Per Luftpost bitte!

kheu jaak süü satem laao sut nüng.
Ich möchten kaufen Briefmarke laotisch Serie eins.
Ich möchte gern eine laotische Briefmarkenserie kaufen.

Telefonieren

thoolasap, sinngemäß: "entferntes Wort", heißt zugleich Telefon und telefonieren. Umgangssprachlich kann man auch sagen **tii saai** (= schlagen Linie).

khee thoot, thoolasap dai bee?
Erbitten Strafe, telefonieren können FP?
Verzeihung, darf ich mal telefonieren?

kheu jaak tii saai haa namböö ...
Ich möchten schlagen Linie suchen Nummer ...
Ich möchte gern die Nummer ... anrufen.

khee tee namböö ...
Erbitten weiterleiten Nummer ...
Verbinden sie mich bitte mit Nummer ...

khee tjeeng saai pai patheet otalit namböö ...
Erbitten reservieren Linie wegbewegen Land Östereich Nummer ...
Ich möchte ein Gespräch nach Östereich, Nummer ... bestellen.

söön lөө thaa.
Bitte warten warten.
Bitte warten!

tit tөө bөө dai.
Verbinden weiter nicht können.
Keine Verbindung.

Nun noch einige Standardsätze, die man zu schätzen lernt, wenn sich z.B. am anderen Ende der Leitung eine freundliche, aber unbekannte Stimme im fließenden Laotisch meldet.

nii mään ...
Dieser sein ...
Hier ist ...

juu–sai nө?
Befinden–wo FP?
Wo bin ich dort?

nii mään ... paak.
Dieser sein ... sprechen.
Hier spricht ...

phai nө paak maa?
Wer denn sprechen herbewegen?
Wer spricht dort?

jaak lom kap phai?
Möchten unterhalten mit wer?
Wen möchten Sie sprechen?

khөө lom kap ...
Erbitten unterhalten mit ...
Ich möchte ... sprechen.

thaa neu nüng döö
Warten wenig eins Aufford.!
Einen Moment!

... bөө juu.
... nicht befinden.
... ist nicht da.

kheu si thoolasap mai.
Ich Zuk. anrufen neu.
Ich rufe wieder an.

söön thoo maa iik.
Gestatten anrufen herbewegen noch.
Bitte rufen Se nochmal an.

faak khwaam dai bөө?
Ablegen Sinn können FP?
Kann man eine Nachricht hinterlassen?

faak khwaam nam kheu dai.
Ablegen Sinn mit ich können.
Sie können auch bei mir eine Nachricht hinterlassen.

Behördengänge

Alle behördlichen Angelegenheiten der Touristen werden in der Konsularabteilung des Außenministeriums geregelt. Dort kommt man selbstverständlich mit Englisch oder Französisch zurecht. Somit können sich die guten Kauderwelsch-Hilfen auf die Frage nach dem Weg beschränken.

kasuuang-kaan-taang-patheet juu-sai?
Ministerium-Sache-verschieden-Land befinden-wo?
Wo befindet sich das Außenministerium?

Krankheit und Arztbesuch

Auch wenn das laotische Gesundheitswesen große Mängel aufweist, sollte man den Gang zum Arzt nicht aufschieben, denn der Aufenthalt in den Tropen ist immer gut für eine Überraschung. In Vientiane einen deutschsprechenden Arzt zu finden, ist nicht allzu schwierig, viele Ärzte erhielten in der DDR eine Aus- oder Weiterbildung. In den Provinzen jedoch, und wenn man sich an einen Naturheilkundigen **(mɵɵ-jaa)** wendet, könnten die folgenden Redewendungen und Wörter gute Dienste leisten.

juu-nii mii naai-phäät / mɵɵ-jaa bɵɵ?
Befinden-hier haben Person-Arzt / Heilkundiger- Medizin FP?
Gibt es hier einen Arzt / Naturheilkundigen?

mɵɵ-puua-khääo	Arzt-heilen-Zahn	Zahnarzt
hoong-mɵɵ	Gebäude-Arzt	Krankenhaus
khon-tjep	Person-krank	der Kranke
sukhaphaap		Gesundheit
phanjaat		Krankheit

Untersuchung und Behandlung

kuuat phanjaat kontrollieren Krankheit	untersuchen
tjau pen ŋjang? Sie sein was?	Was haben Sie?
tjep juu-sai? Schmerzen befinden-wo?	Wo tut es weh?
puua phanjaat behandeln Krankheit	Krankheit behandeln
tjau pen khai-paa. Sie Fieber-Wald.	Sie haben Malaria.
tjau mii mää-thɵɵng. Sie haben Wurm-Bauch.	Sie haben Würmer.
tjau tɵɵng nɵɵn hoong-mɵɵ. Sie müssen liegen Gebäude-Arzt.	Sie müssen ins Krankenhaus.
sak jaa spritzen Medizin	Arznei spritzen
kin jaa-met essen Medizin-Tablette	Tabletten einnehmen
kin khɵɵng bau essen Ding leicht	Diät essen

jaa sak jaa
Verboten spritzen Medizin!
Bitte geben Sie mir keine Spritze!

Krankheitsymptome

kheu tjep ... Mir tut ... weh.

khään	Arm
taa	Auge
thɵɵng	Bauch
khaa	Bein

ök	Brustkorb
sai	Darm
niiu	Finger
tiin	Fuß
khəə	Hals
müü	Hand
huua-tjai	Herz
huua	Kopf
tap	Leber
pəət	Lunge
kaphə	Magen
paak	Mund
dang	Nase
huu	Ohr
baalai	Schulter
nom	weibl. Brust
kaduuk-san-lang	Wirbelsäule
khääo	Zahn

kheu pen phanjaat. Ich sein Krankheit.	Ich bin krank.
kheu mii baat-tjep. Ich haben Wunde-krank.	Ich bin verwundet.
kheu long thəəng. Ich hinunter Bauch.	Ich habe Durchfall.
kheu pai thaai pen lüüat. Ich wegbewegen groß-machen sein Blut.	Ich habe blutigen Stuhl.
kheu huusük müüai. Ich fühle ermüdet	Ich fühle mich schwach.
kheu kaduuk hak. Ich Knochen brechen.	Mein Knochen ist gebrochen.

kheu ai	Ich huste.
kheu pen wat.	Ich bin erkältet.
kheu pen khai.	Ich bin fiebrig.

Persönliche Hygiene

Daß ein Aufenthalt in tropischen Gebieten besondere Anforderungen an die persönliche Hygiene stellt, ist allgemein bekannt. Will man sich nun den laotischen Gastgebern mit seinen diesbezüglichen Problemen anvertrauen, könnten folgende Hilfestellungen von Wert sein.

Die Mehrzahl der Laoten bietet Gästen nur abgekochte Getränke an. Hat man die Wahl, sollte man Tee **(nam–saa)** verlangen. Der beliebte Eiskaffee **(ooliiang)** stellt wegen des Eises aus meist nicht abgekochtem Wasser ein Problem dar. Befindet man sich im Unklaren, ob das vorgefundene oder angebotene Wasser in Ordnung ist, sollte man fragen:

nam nii tom lääo bɵɵ?
Wasser dieses kochen schon FP?
Ist dieses Wasser abgekocht?

nam–kɵɵn nii het duaj nam tom bɵɵ?
Wasser–Stück dieses machen mit Wasser kochen FP?
Ist dieses Eis aus abgekochtem Wasser gemacht?

Besser ist es in jedem Fall, auf das Speiseeis am Straßenrand und das Eis im Kaffee oder der Cola zu verzichten.

bɵɵ sai nam–kɵɵn!
Nicht hineintun Wasser–Stück!
Bitte tun Sie kein Eis hinein!

Rohes oder halbgares Fleisch zu verzehren, sollte unbedingt vermieden werden. Man sage deshalb rechtzeitig Bescheid:

khuua / tom siin hai suk dii dää!
Braten / kochen Fleisch übertragen gar gut Aufforderung!
Bitte braten / kochen Sie das Fleisch gut durch!

Verläßt man das malariafreie Vientiane und nächtigt in der Provinz, empfielt es sich, ein Moskitonetz **mung** zum Schutz vor der Malaria-mücke **ŋjung-khai-paa** (Mücke-Fieber-Wald) zu nutzen.

tjau mii mung bɵɵ?
Sie haben Moskitonetz FP?
Haben Sie ein Moskitonetz?

kaang mung suuai dää.
Aufspannen Moskitonetz helfen Aufforderung.
Bitte helfen Sie mir beim Aufspannen des Moskitonetzes.

Toilette

Die Laoten, vor allem auf dem Lande, betrachten die menschlichen Bedürfnisse als natürliche Sache und behandeln sie deshalb ohne übertriebene Scham. Als Ausländer fragt man in Gaststätten oder festen Häusern:

laang müü dai juu-sai?
Waschen Hand können befinden-wo?
Wo kann man sich die Hände waschen?

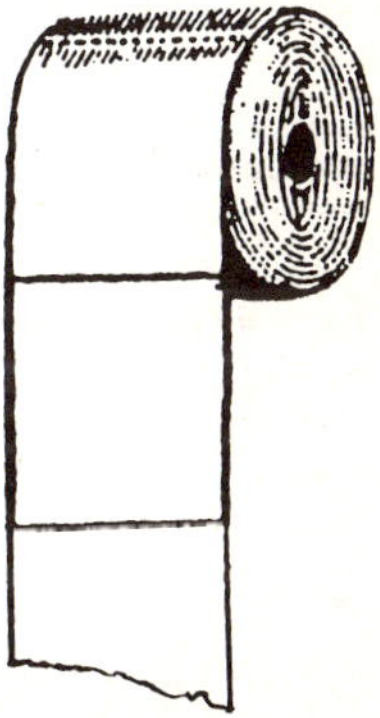

hɵɵng-nam juu-sai?
Raum-Wasser befinden-wo?
Wo befindet sich der Waschraum/Toilette?

Ansonsten ist es auch angebracht zu fragen:

pai bau juu-sai?
Wegbewegen leicht befinden-wo?
Wo kann man Pipi machen?

pai thaai juu-sai?
Wegbewegen großmachen befinden-wo?
Wo kann man groß machen?

Nichts verstanden? Weiterlernen!

Selbst der fleißigste Kauderwelsch-Schüler wird einmal in die Situation kommen, sagen zu müssen:

kheu bɵɵ khau tjai.
Ich nicht hineingehen Seele.
Ich habe nicht verstanden.

tjau wau ŋjang?
Sie sagen was?
Was sagten Sie?

kheu paak phaasaa laao dai neu nüng thau nan.
Ich sprechen Sprache laotisch können klein eins gleich jenes.
Ich spreche Laotisch nur ein wenig.

wau maa mai dää!
Sagen herbewegen neu Aufforderung!
Sagen Sie das bitte noch einmal!

wau saa saa dää!
Sagen langsam langsam Aufforderung!
Sprechen sie bitte langsamer!

Aber danach kann man seinem Lerneifer freien Lauf lassen:

kheu jaak hiian phaasaa laao.
Ich wollen lernen Sprache laotisch.
Ich möchte Laotisch lernen.

sɵɵn phaasaa hai kheu neu nüng dää.
Lehren Sprache übertragen ich klein eins Aufforderung.
Bitte lehren Sie mich ein wenig Laotisch.

an nii phaasaa laao waa ŋjang?
Stück dieses Sprache laotisch sagen was?
Was heißt das hier auf Laotisch?

Ist man mit dem Gesprächspartner durch die Kenntnis einer gemeinsamen Fremdsprache geeint, kann man sich Vokabeln auch folgendermaßen erfragen:

kham waa "to go" phaasaa laao pää waa njang?
Wort sagen "to go" Sprache laotisch übersetzen sagen was?
Wie sagt man im Laotischen: "to go"?

khiian kham / pa/njook nii hai böng duu!
Schreiben Wort / Satz dieser übertragen anschauen Aufforderung!
Schreiben Sie bitte dieses Wort / diesen Satz auf!

kham-tɵɵp	Antwort
tɵɵp	antworten
khwaam-wau	Aussage, das Gesprochene
khwaam-maai	Bedeutung
tuua	Buchstabe
athibaai	erklären
kham-thaam	Frage
thaam	fragen
sɵɵn	lehren
aan	lesen
wau	sagen
pa/njook	Satz
khiian	schreiben
phaasaa ankit / falang	Sprache Englisch / Französisch
paak	sprechen
kham	Wort

Bücherempfehlungen

Wie schon im Vorwort erwähnt, gibt es bisher keine deutschsprachigen Lehrbücher oder Lexika über die laotische Sprache. Wer sich dennoch tiefergehend mit dieser seltenen Sprache beschäftigen möchte, muß auf Materialien in Englisch, Französisch oder Russisch zurückgreifen, die allerdings oft schon einige Jahre in den Bibliotheken schlummern.

Kerr, A., **Lao-English Dictionary**, 2 Bände, Washington 1972; Nach wie vor ein Standardnachschlagewerk für angehende und richtige Profis.

Marcus, R., **English-Lao, Lao-English Dictionary**, Tokyo 1970; Handliche Wörterliste mit ca. 5000 Einträgen, ursprünglich als Ergänzung für Englischkurse gedacht.

Morev, L.N., Moskalev, A.A., Plam, **Y.Y., The Lao Language**, Moskau 1979, Theoretische Grammatik für Leute, die es ganz genau wissen wollen. Von L.N. Morev sind auch 1982 und 1985 Wörterbücher Lao-Russisch und Russisch-Lao erschienen.

Ngaosivath, Ph. und *M.*, **Parler lao, manuel de conversation**; Ein in den siebziger Jahren als Privatedition erschienenes Konversationsbuch; umfaßt Einführung in die Grammatik und umfangreiche Wörterlisten zu vielen Standardsituationen.

Reinhorn, M., **Dictionnaire laotien-francais**, 2 Bände, Paris 1970-71; Das größte von mehreren Laotisch-Wörterbücher des gleichen Autors.

Warren, G., Sayasithsena Y. und S., **Lao, Basic Course**, 2 Bände, Washington 1970; Schulungsmaterial des *Foreign Service Institute*.

Thailand

Das exotischste Land Südost-Asiens zieht jährlich mehr und mehr Reisende in seinen Bann. Aber Thailand ist kein 'einfaches' Reiseland. Abseits der Hauptreiserouten spricht kaum jemand Englisch, Religion und Verhaltensregeln sind fremd, und es gibt so viel anzuschauen, daß man kaum weiß, wo man anfangen soll. Da bewährt sich ein zuverlässiges Reisehandbuch.

Rainer Krack

Thailand-Handbuch

für individuelles Reisen und Entdecken in ganz Thailand
Reihe "Reise Know How"
480 Seiten, DM 32.80
ISBN 3-922376-27-4

Rainer Krack

Bangkok und Umgebung

Handbuch für eine der faszinierendsten Metropolen der Welt und die Sehenswürdigkeiten in der Umgebung
Reihe "Reise Know-How"
280 Seiten, DM 24.80 DM
ISBN 3-922376-42-8

Rainer Krack

Phuket/Thailand

Handbuch für die schönste der Trauminseln Thailands und deren Umgebung
Reihe "Reise Know-How"
264 Seiten plus 32 in Farbe, DM 29.80
ISBN 3-89416-182-5

Peter-Rump-Verlag, Bielefeld

Indonesien

Für die riesengroße indonesische Inselwelt bietet der Peter-Rump-Verlag verschiedene Reiseführer, die sich mit besonders interessanten Gebieten bzw. Spezialthemen befassen:

Peter Rump
Bali & Lombok mit Java
Handbuch für individuelles Reisen und Entdecken
Reihe "Reise Know-How"
416 Seiten, viele Abb. und Karten
ISBN 3-922376-06-1, DM 28.80 DM

Gunda Urban
Komodo, Sumbawa & Flores
Handbuch für die Reise zu den letzten Drachen Indonesiens.
Reihe "Reise Know-How"
352 Seiten, ca. 150 Abb. und Karten
ISBN 3-922376-60-6, DM 29.80 DM

A. Truelove, T. Pentes
Reisen mit Kindern in Indonesien
Ein Reiseführer für die ganze Familie
Reihe "Reise Know-How"
224 Seiten, über 50 Abb. und Karten
ISBN 3-922376-95-6, DM 26.80 DM

Peter-Rump-Verlag, Bielefeld

Hilferufe auf Laotisch

1. Mein Name ist ...
   ຂ້ອຍຊື່ ...
2. Ich komme aus Deutschland/Östereich/ Schweiz.
   ຂ້ອຍມາແຕ່ປະເທດ ເຢຍລະມັນ / ໂອຕະລິດ / ສະວິດ.
3. Ich hatte einen Unfall.
   ຂ້ອຍຖືກອຸບັດເຫດ.
4. Ich bin krank.
   ຂ້ອຍ ເປັນເຈັບ.
5. Mich hat eine Schlange/Skorpion gebissen.
   ຂ້ອຍຖືກງູພິດ / ແມງງອດ / ຕອດ.
6. Man hat mich bestohlen.
   ຄົນຮ້າຍໄດ້ລັກເອົາເຄື່ອງຂອງຂ້ອຍ.
7. Ich habe meine Dokumente verloren.
   ຂ້ອຍໄດ້ເສຍເອກະສານປະຈຳຕົວໄປໝົດ.
8. Helfen Sie mir bitte (schnell)!
   ຈົ່ງຊ່ວຍຂ້ອຍ (ໄວໆ) ແດ່ !
9. Bitte holen Sie einen Arzt/die Polizei!
   ຈົ່ງຊ່ວຍເອີ້ນນາຍແພດ / ຕຳຫຼວດ / ໃຫ້ແດ່.
10. Bitte bringen Sie mich zum Arzt/zur Polizei!
   ຈົ່ງຊ່ວຍພາຂ້ອຍໄປຫານາຍແພດ / ສະຖານີຕຳຫຼວດ / ແດ່.

11. Bitte geben Sie mir etwas zu trinken/essen!

ຈົ່ງ ຊ່ວຍ ເອົາ ນ້ຳ / ເຂົ້າ / ໃຫ້ ຂ້ອຍ ກິນ ແດ່.

12. Wie komme ich nach ...?

ໄປ ... ໄປທາງໃດ ?

13. Wie komme ich zum Arzt/Hotel/nächsten Ort?

ໄປໂຮງໝໍ / ໂຮງແຮມ / ບ້ານໃກ້ / ຊິໄປແນວໃດ ?

14. Wo kann ich telefonieren?

ຂ້ອຍ ສາມາດໂທລະສັບໄດ້ຢູ່ໃສ ?

15. Bitte benachrichtigen Sie die Deutsche Botschaft, Vientiane, Rue Sokpaluang 26.

ຊ່ວຍ ສົ່ງ ຂ່າວ ເລື່ອງ ນີ້ ໄປໃຫ້ ສະຖານທູດ ເຢຍລະມັນ ທີ່

ວຽງຈັນ , ຖະໜົນ ໂສກປ່າຫຼວງ ນໍ່າເບີ 26ໃຫ້ ແດ່ .

Wörterlisten

In den folgenden Wörterlisten sind jeweils ca. 1000 Einträge verzeichnet, die einen soliden Grundwortschatz darstellen. Aus Platzgründen kann zumeist nur die Hauptbedeutung eines Wortes aufgeführt werden, obwohl gerade in einer beschreibenden Sprache, wie dem Laotischen, eine Zuordnung deutscher Begriffe oft schwerfällt. Ist exaktere Auskunft erwünscht, sollte man die in den Literaturhinweisen aufgeführten Lexika benutzen. Die Ordnung der laotischen Wörter erfolgte nach dem deutschen Alphabet, um das Auffinden zu ermöglichen. Wörter mit gleicher Umschrift, aber unterschiedlicher Schrift im Laotischen, wurden jeweils einzeln aufgeführt, um Verwirrungen zu vermeiden.

Deutsch–Laotisch

A

Abend essen	kin–khau–lääng
abends	tʘʘn–khüün
aber	tää–waa
abgeben	faak
addieren	buuak
Adresse	bʘʘn–juu
ähnlich	khüü
Alkohol	lau
alles	mot
alt (Ding)	kau
alt (Mensch)	thau
Alter	anju
Ameise	mot
ändern	piian
Ananas	maak–nat
anfangen	lööm
angeln	tük–paa
Angestellter	phanak/ngaan
anhalten	jut, sau
Anlaß	ookaat
anpflanzen	puuk
anschauen	som
Antwort	kham–tʘʘp
antworten	tʘʘp
anziehen	nung
Apfel	maak–pom
Apfelsine	maak–kiiang
Arbeit	wiiak
arbeiten	het–wiiak
Arbeiter	kammakʘʘn
arm	thuk
Arm	khään
Armee	kʘʘng/thap
Arzt	naai–phäät
Asien	aasii
Aubergine	maak–küüa
auch	khüü–kan
auf	thöng
aufstehen	luk–khün
Auge	taa
ausdrücken	sadääng
ausleihen	sau
ausruhen	phak–phʘʘn
ausschalten	mʘʘt
auswählen	lüüak
Autoschlosser	saang–pääng–lot

B

Bad	hʘʘng–nam
Bambus	mai–phai
Bambusspitzen	nʘʘ–mai
Banane	maak–kuuai
Bank	thanaakhaan
Bart	nuuat
Batate	man–daang
Batterie	mʘʘ–fai
Bauch	thʘʘng
Bauer	saau–naa
Baum	ton–mai
Baumwolle	faai
bedauern	siia–tjai
bedeuten	maai
Bedeutung	khwaam–maai
bedienen	hapsai
beenden	löök
befinden	juu
begleiten	phaa
behandeln (med.)	puua
Bein	khaa
Bekleidung	khüüang–nung
Benzin	nam–man
Benzin	etsang
Berg	phuu
besonders	phiseet
besuchen	jiam–jaam
Betrieb	hoong–ngaan
Bett	tiiang
Beutel	thong

Bier	biia
Bild	huup
Bild (gemalt)	huup–tääm
billig	thüük
bis	hʘʘt, tjon
bitte	söön
Blatt	bai
blau	sii–faa
Blume	dʘʘk–mai
Blumenstrauß	sʘʘ–dʘʘk–mai
Blut	lüüat
Blüte	dʘʘk
Boden (Fuß–)	phüün
Bohnen (grüne)	thuua–njaau
Bohnen (gelbe)	thuua–lüüang
Bohnenkeimlinge	thuua–ngʘʘk
Boot	hüüa
böse	tjai–hai
Botschaft	sa/thaanthuut
Brauch	papheenii
brauchen (Besitz)	tʘʘng–kaan
braun	sii–namtaan
brechen	hak
Bremse, bremsen	haam
Brief	tjot–maai
Briefmarke	satem
Brille	wään–taa
bringen	au ... pai
Brot	khau–tjii
Bruder (ält.)	aai
Bruder (jünger)	nʘʘng
Brust	ök
Brust (weibl.)	nom
Buch	püüm
Büchse	kapʘʘng
Buchstabe	tuua
Buddha	phaphut
Buddhastatue	phaphutahuup
Buddhismus	saatsanaa–phut
Buddhist (Laie)	saau–phut
Büffel	khwaai
bügeln	liit
Büro	hʘʘng–kaan
Bus	lot–mee
Büstenhalter	süüa–sʘʘn
Butter	böö

C

Chef	huua/naa
Chili	maak–phet
chinesich	tjiin
Crevette	kung

D

Dach	lang–khaa
damit	phüüa
danken	khʘʘp–tjai
Darm	sai
Decke (Stoff)	phaa–hom
denken	khit
Denkmal	anusaawalii
deshalb	dang–nan
deutsch	njialaman
Deutschland	patheet njialaman
dick	naa
Dienstag	wan/angkhaan
diese, –s, –r	nii
Ding	khʘʘng
Ding; Gerät	khuuang
dividieren	haan
Dokument	eekasaan
Donnerstag	wan/phahat
Dorf	baan
Dorfverwaltung	khana–baan
dort	thii–nan, phun
Dreirad	saam–lʘʘ
dreschen	faad
dringend	duuan
du	too
dunkel	müüd
dünn	baang
durchlaufen	phaan

E

Edelstein	kääo
Ehefrau	miia
Ehemann	phuua

Ei	khai
Eidechse	tjii–kɵ
Eimer	khu
einfach	ngaai
Einladungskarte	bat–söön
einpacken	hɵɵ
einschalten	tai
einzahlen	thɵɵk
einzige, –r, –s	diiau
Eis (–stücke)	nam–kɵɵn
Eiscreme	kaalem
Eisen	lek
Elefant	saang
Elektriker	saang–faifaa
Eltern	phɵɵ–mää
empfehlen	nenam
englisch	ang/kit
Enkel	laan
Enkelsohn	laan–saai
Enkeltochter	laan–saau
Ente	pet
entlang	taam
entsprechend	taam
entwickeln (Film)	laang–fim
er	khau, laao
erbitten	khɵɵ
Erbsen	thuua–khiiau
Erde	din
Erdnuß	thuua–din
erhalten	hap
erholen	phak–phɵɵn
erinnern	tjüü
erkältet	wat
erklären	a/thibai
erlauben	anunjaat
Ernteergebnis	phonlapuuk
erzürnt sein	hai–tjai
es	man
essen	kin, kin–khau
Essig	nam–som
Eßwaren	khüüang–kin
Etage	san
Europa	öölop
Experte	phuu–siiausaan

F

Faden	maai
fähig sein	saa/maat
Fahrer	khon–khap–lot
Fahrrad	lot–thiip
Fahrzeug	lot
fallen	tok
falsch	phit
Familie	khɵɵp/khuua
Familienname	namsakhun
Farbe	sii
fast	küüap
faul	khiikhaan
feiern	het–bun
Feiertag	wan–bun
feilschen	tɵɵ
Fenster	pɵɵng–jiam
fern	kai
Fernsehen	theelee
fertig	lääo
Fest	bun
feucht	piiak
Feuer	fai
Fieber	khai
Film	fim
Film zeigen	saai–fim
Finger	niiu
Firma	bɵɵlisat
Fisch	paa
flechten	saan
Fleisch	siin
fleißig	duuman
fliegen	bin
Flug	kaan–bin
Fluggesellschaft	kaan–bin
Flugplatz	döön–bin
Flugzeug	hüüa–bin
Fluß	mää–nam
forschen	khon/khwaa
Forscher	nak–khonkhwaa
fortsetzen	tɵɵ
Foto	huup–thaai
Fotoapparat	kɵɵng–thaai–huup
Fotograf	nak–thaai–huup

fotografieren thaai–huup
Frage kham–thaam
fragen thaam
französich falang
Frau phuu–njing
Frau (Anrede) thaan–naang
Freitag wan/suk
freuen dii–tjai
Freundschaft mitaphaap
froh dii–tjai
Frosch kop
Frucht maak
Frühling laduu–baimaipong
frühstücken kin–khau–sau
fühlen huusük
Führerschein bai–khap–khii
für phüüa, samlap
fürchten jaan
Fuß tiin
füttern liang

G

[illegible] sʘʘm
ganz mot
garen khuua
Gas geben leng
Gast khääk
Gästehaus hʘʘ–khääk
Gebäck khau–nom
geben au ... hai
Gebirge kheet/phuudʘʘi
geboren werden kööt
Geburtstag wan–kööt
Gecko kapkää
Gedanke khwaam–khit
Gefahr phai
gefährlich antalaai
Gefängnis khuk
Geflügel pet–kai
gehen (zu Fuß) njaang
Gehirn sa/mʘʘng
Geister phii
gelb sii–lüüang
Geld ngön
gemeinsam huuam
Gemüsegarten suuan–phak
Genosse sahaai
genug phʘʘ
Gepäck hiip–khüüang
Gericht saan
Geschäftsmann nak–thulakit
Geschenk khʘʘng–tʘʘn
geschickt, gut keeng
Geschirr thuuai–saam
Gesellschaft sangkhom
gestern müü–waan–nii
gesund sabai
Gesundheit sukhaphaap
Getränke khüüang–düüm
Gewehr püün
Gewerkschaft kammabaan
Gewicht khwaam–nak
gewöhnlich khööi
gießen hot
Giftschlange nguu–phit
Glas tjʘʘk
glauben süüa
Glück sook
Glühbirne dʘʘk–fai
Gold [illegible]
Gramm kalam
Gras njaa
grau sii–khiithau
groß njai
Größe kha/naat
Größe (Bekleid.) namböö
Großmutter mää–thau
Großvater phʘʘ–thau
grün sii–khiiau
Gruppe khana
Gummi jaang
Gurke maak–tääng
Gürtel saai–ääʘ
gut dii

H

Haar phom
haben mii

Hafen	thaa–hüüa
Hälfte	khöng
Hals	khɵɵ
halten	thüü
Hand	müü
handeln	het kaan–khaa
Händler	phɵɵ–khaa
Händlerin	mää–khaa
Handtasche	kapau
Handtuch	phaa–set–naa
Handwerk	hathakam
Handwerker	naai–saang
hart	khääng
Haus	hüüan
Haut	phiiu
heiß	hɵɵn
heißen	süü
helfen	suuai–lüüa
hell	tjääng
Hemd	süüa
herausbewegen	ɵɵk
herausnehmen	thɵɵn
Herbst	laduu–baimailon
Herd	tau–fai
Herz	huua–tjai
heute	müü–nii
hier	juu–nii
Himmel	faa
hinausgehen	ɵɵk
hineingehen	khau
hinter	juu–thaang–lang
hinunterbewegen	long
hoch	suung
hochbewegen	khün
Hochschule	mahaawithanjaalai
Hochzeit	bun–tääng–dɵɵng
hoffen	wang
holen	au ... maa
hören	njin
Hose	song
Hotel	hoong–hääm
Huhn	kai
Hund	maa
husten	ai

I

ich (vertraut)	hau
ich (offiziell)	khaa–pa/tjau
ich	kheu
ihr	phuuak–tjau
Imbißlokal	haan–kin–düüm
immer	lüüai–lüüai
in	nai
Industrie	utsaahakam
informieren	bɵɵk
Insekt	määng
Insel	dɵɵng
interessieren	son–tjai
international	saakon
investieren	long–thün

J

ja	tjau
Jacke	süüa–njai
Jahr	pii
jede, –r, –s	thuk
jedesmal	thuk–thüüa
jene, –r, –s	nan
jetzt	diiau–nii
Joghurt	nam–nom–som
Journal	waalasaan
Journalist	nak–khaau
Jugendliche	saau–num
jung	num
Junge	phuu–saai

K

kalt	naau
Kambodscha	patheet kamputjiia
Kaninchen	kataai
Kapital	thün
Kapitän	naai–hüüa
Karte (Ticket)	pii
Kartoffeln	man–falang
Käse	froma
Katze	määo
kaufen	süü

Käufer	luuk–khaa
kennen	huu–tjak
Kerze	thian
Kilo	kiloo
Kilometer	kilomät
Kind	luuk
Kind	dek–neu
Kino	hoong–sinee
Kissen	mɵɵn
Kissen	mɵɵn
Kleber	jaang–kaau
Klebreis	khau–niiau
klein	neu
Klimaanlage	aai–jen
Knoblauch	phak–thiam
Knochen	kaduuk
Knopf	kadum
Koch	phɵɵ–khuua
kochen	khuua–kin, tom
Köchin	mää–khuua
Koffer	hiip
Kohl	kalampii
Kokosnuß	maak–phaau
Kollege	sohaai
kommen	[illegible]
König	tjau–siiwit
können	dai
kontrollieren	kuuat
Kooperative	sahakɵɵn
Kopf	huua
kosten	siim
Krabbe	kapuu
Kraft	hääng
kräftig (Getränk)	puk
krank	tjep
Krankenhaus	hoong–mɵɵ
Kranker	khon–tjep
Krankheit	pha/njaat
Kräuter	phak–hɵɵm
Kreuzung	thaang–khop
Krimineller	khaatakɵɵn
Krokodil	khää
Kuchen	khau–nom
Kugelschreiber	bik
Kühlschrank	tuu–jen
Kunst	silapa
Kunstfaser	phaa–utsahakam
kurz (Ort, Zeit)	san
küssen	tjuup

L

Laaken	phaa–pok–tiang
lächeln	njim
lachen	huua
laden (Batterie)	saak
Laken	phaa puu bɵɵn–nɵɵn
Lampe	takiiang
Lampe (Zimmer)	khoom
Land	patheet
Landwirtschaft	kasikam
lang (örtl.)	njaao
lange	don
langsam	saa
Laos	patheet laao
Laote	khon laao
laotisch	laao
lassen, aufgeben	pa
laufen	lään
leben	juu
Leben	siiwit
Leber	tap
Lechy	maak–lintjii
Lehrer	naai–khuu
Lehrer	aa/tjaan
leicht (Gewicht)	bau
Lektion	bot–hian
lenken	khap
lernen	hian
lesen	aan
Licht	fai
Liebe	khwaam–hak
lieben	hak
Lied	pheeng
liegen	nɵɵn
links	saai
Löffel	buuang
Lotus	dɵɵk–buua
Luft	aa/kaat
Lunge	pɵɵt

lustig	muuan

M

machen	het
Machete	phaa
Macht	amnaat
Mädchen	phuu–saau
Magen	kaphɵ
mahlen (Reis)	sii
Mal	thüüa
Malaria	khai–paa
malen	tääm–huup
man	phön
manche, –r, –s	baang
manchmal	baang–thüüa
Mandarine	maak–pään
Mango	maak–muuang
Mangustan	maak–mangkhut
Mann (Anrede)	thaan
Mann	phuu–saai
Markt	talaat
Matraze	süüa
Maurer	saang–kɵɵ
Maus	nuu
Medizin	jaa
Meer	thalee
Mehl	pääng
meinen	thüü
melden, sich	tjääng–tuua
Melone (rot)	maak–moo
Melone (gelb)	maak–tääng–suk
Mensch	khon
merken	tjam–tjüü
messen	thääk
Messer	mit
Meter	mät
Milch	nam–nom
Milchfrucht	maak–nam–nom
Militär	thahaan
Ministerium	kasuuang
minus	lop
Minute	naathii
Mittag essen	kin–khau–suuai
mittags	tɵɵn–baai
Mittwoch	wan/phut
modern	than–samai
mögen	mak
Monat	düüan
Mönch (über 20)	khuubaa
Mönch sein	buuat
Mönch (unter 20)	tjua
Mönchsgemeinde	samaneen
Mond	düüan
Monsum	lom–mɵɵlasum
Montag	wan/tjan
morgen	müü–üün
morgends	tɵɵn–sau
Moskitonetz	mung
Motor	tjak
Motorrad	lot–tjak
Mücke	njung
müde	müüai
multiplizieren	khuun
Musik	don–tii
Musiker	nak–dontii
müssen	tɵɵng
mutig (sein)	kaa/haan
Mutter	mää
Mütze	muuak

N

nach	haa
nachdem	lang–tjaak
nachmittags	tɵɵn–lääng
Nachricht	khaau
nächtigen	phak–sau
nachts	tɵɵn–kham
Nadel	khem
nah	mɵɵ
Name	süü
Nase	dang
naß	sum
Nation	saat
Nationalfeiertag	wan–saat
neben	juu–khaang
Neffe, Nichte	laan
Neffe	laan–saai
nehmen	au

nein	bɵɵ
neu	mai
Neuigkeit	khaau
Neujahr	pii–mai
Nichte	laan–saau
niedrig	tam
Niveau	attaa
noch	iik
noch	njang
Norden	nüüa
normal	thamadaa
Nudeln	mii
Nummer	namböö
nur	thau–nan

O

Obst	maak–mai
Obstbaum	ton–maak–mai
oder	lüü
Ofen	tau–fai
offiziell	thaang–kaan
Offizier	naai–thahaan
öffnen	khai, pööt
oft	lüüai
Ohr	huu
Öl	nam–man
Onkel (jüng.)	aau
Onkel (älterer)	luung
Orchidee	dɵɵk–kuuai–mai
Organisation	ongkaan
organisieren	tjat
Ort, Stelle	thii
Osten	taawen/ɵɵk
Östereich	patheet ootalit

P

Pagode	wat
Paket	hɵɵ–khɵɵng
Papaya	maak–hung
Papier	tjiia
parken	tjɵɵt
Partei	phak
Paß	paspɵɵr
Passagier	khon–dooisaan
Person	nak
persönlich	suuan–tuua
Pfeffer	phikthai
Pferd	maa
pflügen	thai
Pilze	het
Plan	phään–kaan
planen	waang–phään–kaan
Plaste	jaang
Platz	döön
Polizist	tamluuat
Postamt	hoong–paisanii
Postkarte	bat–paisanii
Preis	laakhaa
probieren	lɵɵng
Programm	laai–kaan
Projekt	khoong–kaan
Provinz	khwääng
Pullover	süüa–un

R

Rad	lɵɵ
Radio	wi/tha/nju
Rambutan	maak–ngɵɵ
rasieren	thaa
Ratte	nuu–paa
rauchen	suup–jaa
rechnen	khit–laai
Recht	sit
rechts	khwaa
Recorder	theep
Regen	fon
Regenzeit	laduu–fon
Regierung	lat/thabaan
Region	bɵɵliween
registrieren	banthük
regnen	fon–tok
reich	hangmii
reif	suk
Reis	khau
Reis (körnig)	khau–tjau
reisen	thɵɵng/thiiau
Reisfeld (bewäs.)	naa

Reisfeld (unbew.)	hai
reiten	khii
Religion	saatsanaa
reparieren	sɵɵm–pääng
reservieren	tjɵɵng
Restaurant	haan–aahaan
richtig	thüük
Richtung	thit–thaang
Rind	nguua
Rock (laot.)	sin
Rock	kapong
roh	diip
rot	sii–dääng
Rucksack	thong–pee
rückständig	laa/lang
rufen	öön

S

sagen	wau
Saison	laduu
Salat	salat
Salz	küüa
salzig	khem
sammeln	kep
Samstag	wan/sau
Sand	din–saai
Sandale	kööp–tä
Sarong	sarong
satt	iim
Satz	pa/njook
sauber	sa/aat
säubern (Zimmer)	het/aanaamai
sauer	som
saugen	suup
schaffen (Zeit)	than
Schaltung	kia
scharf	phet
schauen	böng
schicken	song
schießen	njing–püün
Schlafraum	hɵɵng–nɵɵn
schlagen	tii
Schlange	nguu
schlecht	sua
schließen	at
Schloß	ka/tjää
Schlüssel	luuk–ka/tjää
schmackhaft	sääp
Schmetterling	määng–kabüüa
Schmuck	khüüang–ee
schmutzig	phüüak
Schnee	hima
schneiden	tat
Schneider	saang–tat–khüüang
schnell	wai
schon	lääo
schreiben	khiian
Schrift	nangsüü
Schuh	kööp
Schüler	nak–hian
Schulter	baalai
Schüssel	thuuai
Schwager (jüng.)	nɵɵng–khööi
Schwager (ält.)	aai–khööi
Schwägerin (jüng.)	nɵɵng–phai
Schwägerin (ält.)	üüai–phai
schwarz	sii–dam
Schwein	muu
Schweiz	sawit
schwer (Gewicht)	nak
schwer (übertr.)	njaak
Schwester (ält.)	üüai
Schwester (jünger)	nɵɵng
Schwiegersohn	luuk–khööi
Schwiegertochter	luuk–phai
schwimmen	lɵɵi–nam
Seele	tjai
sehen	hen
Seide	mai
Seife	sabu
Seil	süüak
sein	mään, pen
seit	tjaak
selber	eeng
senken	lut
Serviette	phaa–set–müü
Set	sut
setzen	nang–long
sich	ton

sicher	pɵɵt–phai
Sicherheit	khwaam–pɵɵt–phai
sie	khau
sie	laao
Sie	tjau
Silber	ngön
singen	hɵɵng–pheeng
Situation	sa/phaap–kaan
sitzen	nang
Sitzplatz	bɵɵn–nang
Skorpion	määng–ngɵɵt
Sohn	luuk–saai
sollen	khuuan
Sommer	laduu–hɵɵn
Sonne	taawen
sonnen (sich)	taak–däät
sonnig	däät
Sonntag	wan–aa/thit
spazieren	pai–lin
Speise	aahaan
Spiegel	wään
spielen	lin
Spielzeug	khüüang–lin
Sprache	phaasaa
sprechen	paak
springen	doot
spritzen	sak
Staat	lat
Stäbchen	mai–thuu
Stadtverwaltung	khana–müang
Station	sathaanii
stehen	jüün
stehlen	lak
Stein	hiin
sterben	taai
Stimme	siiang
Stoff	phaa
stoßen	jiiap
Strafe	thoot
Straße	thanon
Streichhölzer	mai–khiit–fai
Strom	fai–faa
Stromschnellen	kääng
Student	nak–süksaa
Stuhl	tang/ii
Stunde	soomoong
Stunde	suua–moong
Stupa	thaat
subtrahieren	lop
suchen	haa
suchen	sɵɵk
Süden	tai
Südostasien	aasii/aakhanee
Suppe	kääng
Suppenküche	haan–föö
süß	waan
Süßigkeit	khɵɵng–waan
süßsauer	som–waan

T

Tabak	jaa
Tablette	jaa–met
Tag	müü
Tag	wan
tanken	pam–nam/man
Tankstelle	pam–nam/man
Tante (jüng.)	aa
Tante (ält.)	paa
tanzen (laot.)	lamwong
tanzen (europ.)	foon
Tasche	kataa
Tasse	tjɵɵk
Taxi	taksii
Tee	nam–saa
Teich	nɵɵng
Teil (von etwas)	suuan
teilnehmen	khau–huuam
Telefon	thoolasap
telefonieren	thoolasap
Telegramm	thoolaleek
Teller	saan
Termiten	puuak
teuer	phääng
Thailand	patheet thai
thailändisch	thai
Tier	sat
Tiger	süüa
Tisch	to
Tochter	luuk–saau

Toilette	hʘʘng–nam
Toilettenpapier	tjiia–aanamai
Tomate	maak–len
Tonne	tʘʘn
Topf	mʘʘ
tot	taai
töten	khaa
Tourist	nak–thʘʘng–thiiau
tragen (auf Rücken)	tjiia
tragen (in Hand)	hiu
traurig	sau
treffen	phop
Treppe	khandai
trinken	düüm
trist	ngau
trocken	hääng
Trockenzeit	laduu–lääng
Tür	patuu

U

üben	fük
überhaupt	dʘʘk
übermorgen	müü/hüü
übersetzen	pää
übertragen	hai
Ufer	fang
Uhr	mʘʘng
umziehen	njaai
und	lä
Unfall	upatiheet
unter	kʘʘng
unterhalten	lom
Unterhose	song–sʘʘn–nai
unterrichten	sʘʘn
untersuchen	kuuat

V

Valuta	ngʘ̈n–taa
Vater	phʘʘ
Ventilator	phat–lom
verbieten	haam
verbinden	tit
verderben	siia–khun
vergleichen	thiap
verhaften	thap–kum
verkaufen	khaai
verlängern	tʘʘ–anju
verlassen	laa
verlieren	siia
Verlust	kaan–suun–siia
verschieden	taang
verschwinden	siia–haai
Vertreter	phuu–thään
Verwandter	phii–nʘʘng
viel	laai
vielleicht	baang–thii
Vietnam	patheet wietnaam
vietnamesich	wietnaam
Visum	wisaa
Vogel	nok
von	tää
von (Besitz)	khʘʘng
vor	juu–thaang–naa
vor (zeitl.)	kʘʘn
vorbereiten	ka/kiiam
vorgestern	müü/süün
vormittags	tʘʘn–suuai

W

Waffe	aawut
wählen	lüüak
Wald	paa
Wand	faa
wann	müüa–dai
wann (Bindewort)	müüa
Ware	sin–khaa
warm	un
warten	thaa
warum	pen–njang
was	njang
waschen, Haare	sa/phom
waschen, sich	laang–tuua
waschen	laang
waschen, Kleidung	sak/khüüang
Waschpulver	sabuu–fun
Wasserfall	nam–tok
Wechselkurs	attaa–piian

wechseln	piian
wecken	puk
Weg	thaang
wegen	njoon
weh tun	tjep
weich	oon
weil	pho-waa
weil	njoon-waa
Wein	lau-weng
weinen	hai
Weintrauben	maak-ang-ngun
weiß	sii-khaau
welche, -r, -s	dai
Welt	look
wenig	neu
wer	phai
Westen	taawen/tok
Wetter	aa/kaat
wie	nääo-dai
wiegen	sang
wieviel (Menge)	thau-dai
wieviel (Anzahl)	tjak
Wild	sat-paa
Wildschwein	muu-paa
Wind	lom
Wind bläst	lom phat
Winter	laduu-naau
wir	phuuak-hau
Wirbelsäule	kaduuk-san-lang
Wirtschaft	seethakit
wissen	huu
wo	juu-sai
Woche	aa/thit
woher	tää-sai
wohin	pai-sai
wohin	sai
wohnen	juu
Wolle	khon njoong
wollen (Besitz)	jaak-dai
wollen	jaak
Wort	kham
Wunde	baat-tjep
Würmer (Parasit)	mää-thoong
Wurst	saai-uua

Z

Zahl	tuua-leek
zählen	nap
Zahn	khääo
Zeit	weelaa
Zeitung	nangsüü-phim
Zentimeter	sen
zerbrechen	tääk
Zeremonie	phithii
Ziege	bää
ziehen	kää
Zitrone	maak-naau
Zoll	phaasii
zu sehr	phoot
Zucker	nam-taan
Zuckerrohr	ooi
zufrieden	phoo-tjai
zuhören	fang
zurückkehren	kap-maa
zusammen	nam-kan
zusammenstoßen	tam-kan
zweifeln	song-sai

Laotisch–Deutsch

A

a/thibai	erklären
aa	Tante
aa/kaat	Wetter, Luft
aa/thit	Woche
aa/tjaan	Lehrer
aahaan	Speise
aai	Bruder (ält.)
aai–jen	Klimaanlage
aai–khööi	Schwager (ält.)
aan	lesen
aasii	Asien
aasii/aakhanee	Südostasien
aau	Onkel
aawut	Waffe
ai	husten
amnaat	Macht
ang/kit	englisch
anju	Alter
antalaai	gefährlich
anunjaat	erlauben
anusaawalii	Denkmal
at	schließen
attaa	Niveau
attaa–piian	Wechselkurs
au	nehmen
au ... hai	geben
au ... maa	holen
au ... pai	bringen

B

baalai	Schulter
baan	Dorf
baang	dünn; mancher
baang–thüüa	manchmal
baang–thii	vielleicht
baat–tjep	Wunde
bai	Blatt
bai–khap–khii	Führerschein
banthük	registrieren
bat–paisanii	Postkarte
bat–söön	Einladungskarte
bau	leicht (Gewicht)
biia	Bier
bik	Kugelschreiber
bin	fliegen
bɵɵ	nein
bɵɵk	informieren
bɵɵlisat	Firma
bɵɵliween	Region
bɵɵn–juu	Adresse
bɵɵn–nang	Sitzplatz
bot–hian	Lektion
bun	Fest
bun–tääng–dɵɵng	Hochzeit
buuak	addieren
buuang	Löffel
buuat	Mönch sein
bää	Ziege
böö	Butter
böng	schauen

D

dai	welcher
dai	können
damlong–siiwit	leben
dang	Nase
dang–nan	deshalb
dek–neu	Kind
dii	gut
dii–tjai	froh
dii–tjai	freuen
diiau	einziger
diiau–nii	jetzt
diip	roh
din	Erde
din–saai	Sand
don	lange
don–tii	Musik

dɵɵk	Blüte; überhaupt
dɵɵk–buua	Lotus
dɵɵk–fai	Glühbirne
dɵɵk–kuuai–mai	Orchidee
dɵɵk–mai	Blume
dɵɵng	Insel
doot	springen
duuan	dringend
duuman	fleißig
däät	Sonne, sonnig
döön	reisen
döön	Platz
döön–bin	Flugplatz
düüan	Monat, Mond
düüm	trinken

E

eekasaan	Dokument
eeng	selber
etsang	Benzin

F

faa	Himmel
faa	Wand
faad	dreschen
faai	Baumwolle
faak	abgeben
fai	Licht; Feuer
fai–faa	Strom
falang	französich
fang	zuhören
fang	Ufer
fim	Film
fon	Regen
fon–tok	regnen
fük	üben
froma	Käse
fɵɵn	tanzen (europ.)

H

haa	suchen, besuchen; nach
haam	verbieten
haam	Bremse, bremsen
haan	dividieren
haan	Einrichtung; Regal
haan–aahaan	Restaurant
haan–föö	Suppenküche
haan–kin–düüm	Imbißlokal
hai	übertragen
hai	Reisfeld (unbew.)
hai	weinen
hai–tjai	erzürnt sein
hak	lieben
hak	brechen
hangmii	reich
hap	erhalten
hapsai	bedienen
hathakam	Handwerk
hau	ich (vertraut)
hen	sehen
het	machen
het	Pilze
het kaan–khaa	handeln
het–bun	feiern
het–wiiak	arbeiten
het/aanaamai	säubern (Zimmer)
hian	lernen
hiin	Stein
hipp	Koffer
hiip–khüüang	Gepäck
hima	Schnee
hiu	tragen (in Hand)
hoong–hääm	Hotel
hoong–mɵɵ	Krankenhaus
hoong–ngaan	Betrieb
hoong–paisanii	Postamt
hoong–saai	Postamt
hoong–sinee	Kino
hɵɵ	einpacken
hɵɵ–khääk	Gästehaus
hɵɵ–khɵɵng	Paket
hɵɵn	heiß
hɵɵng	rufen
hɵɵng–kaan	Büro
hɵɵng–nɵɵn	Schlafraum
hɵɵng–nam	Toilette, Bad

hɵɵng–pheeng	singen
hɵɵt	bis
hot	gießen
huu	wissen, kennen
huu	Ohr
huu–tjak	kennen
huua	Kopf;lachen
huua–tjai	Herz
huua/naa	Chef
huuam	gemeinsam
huup	Bild
huup–tääm	Bild (gemalt)
huup–thaai	Foto
huusük	fühlen
hüüa	Boot
hüüa–bin	Flugzeug
hüüan	Haus
hääng	Kraft
hääng	trocken

I

iik	noch
iim	satt

J

jaa	Medizin; Tabak
jaa–met	Tablette
jaak	wollen
jaak–dai	wollen (Besitz)
jaan	fürchten
jaang	Gummi; Plaste
jaang–kaau	Kleber
jiam–jaam	besuchen
jiiap	stoßen
jut	anhalten
juu	befinden, leben, wohnen
juu–khaang	neben
juu–nii	hier
juu–phii	hier
juu–sai	wo
juu–thaang–lang	hinter
juu–thaang–naa	vor
jüün	stehen

K

ka/kiiam	vorbereiten
ka/tjää	Schloß
kaa/haan	mutig (sein)
kaalem	Eiscreme
kaan–bin	Flug
kaan–suun–siia	Verlust
kadum	Knopf
kaduuk	Knochen
kaduuk–san–lang	Wirbelsäule
kai	fern
kai	Huhn
kalam	Gramm
kalampii	Kohl
kamlang	Kraft
kammabaan	Gewerkschaft
kammabaan	Gewerkschaft
kammakɵɵn	Arbeiter
kamputjiia	Kambodscha
kap–maa	zurückkehren
kapau	Handtasche
kaphɵ	Magen
kapkää	Gecko
kapong	Rock
kapɵɵng	Büchse
kapuu	Krabbe
kasikam	Landwirtschaft
kasuuang	Ministerium
kataa	Tasche
kataai	Kaninchen
ka/tjää	Schloß
kau	alt (Ding)
keeng	geschickt, gut
kep	sammeln
khau–nom	Kuchen
kha/naat	Größe
khaa	Bein
khaa	töten
khaa–pa/tjau	ich (offiziell)
khaai	verkaufen
khaatakɵɵn	Krimineller
khaau	Nachricht
khai	Ei

khai	Fieber
khai	öffnen
khai–paa	Malaria
kham	Wort; Gold
kham–tɵɵp	Antwort
kham–thaam	Frage
khana	Gruppe
khana–baan	Dorfverwaltung
khana–müang	Stadtverwaltung
khandai	Treppe
khap	lenken
khau	Reis; hineingehen
khau	er; sie
khau–huuam	teilnehmen
khau–niiau	Klebreis
khau–nom	Gebäck
khau–tjau	Reis (körnig)
khau–tjii	Brot
kheet/phuudɵɵi	Gebirge
khem	salzig
khem	Nadel
kheu	ich
khii	reiten
khiian	schreiben
khiikhaan	faul
khit	denken
khit–laai	rechnen
khon	Mensch
khon–dooisaan	Passagier
khon–khap–lot	Fahrer
khon njɵɵng	Wolle
khon–tjep	Kranker
khon/khwaa	forschen
khɵɵ	erbitten
khɵɵ	Hals
khoom	Lampe
khoong–kaan	Projekt
khɵɵng	von (Besitz); Ding
khɵɵng–tɵɵn	Geschenk
khɵɵng–waan	Süßigkeit
khɵɵp–tjai	danken
khɵɵp/khuua	Familie
khu	Eimer
khuk	Gefängnis
khuua	garen
khuua–kin	kochen
khuuan	sollen
khuubaa	Mönch (über 20)
khuun	multiplizieren
khwääng	Provinz
khwaa	rechts
khwaai	Büffel
khwaam–hak	Liebe
khwaam–khit	Gedanke
khwaam–maai	Bedeutung
khwaam–nak	Gewicht
khwaam–pɵɵt–phai	Sicherheit
khün	hochbewegen
khüü	ähnlich
khüü–kan	auch
khüüang	Ding; Gerät
khüüang–at–siang	Recorder
khüüang–düüm	Getränke
khüüang–ee	Schmuck
khüüang–kin	Eßwaren
khüüang–lin	Spielzeug
khüüang–nung	Bekleidung
khää	Krokodil
khääk	Gast
khaan	Arm
khaang	hart
khääo	Zahn
khööi	gewöhnlich
khöng	Hälfte
kia	Schaltung
kilomät	Kilometer
kiloo	Kilo
kin	essen; trinken
kin–khau	essen
kin–khau–lääng	Abend essen
kin–khau–sau	frühstücken
kin–khau–suuai	Mittag essen
kɵɵn	vor
kɵɵng	unter
kɵɵng–thaai–huup	Fotoapparat
kɵɵng/thap	Armee
kɵɵp–tä	Sandale
kop	Frosch
kung	Krebs
kuuat	kontrollieren,

	untersuchen
kää	ziehen
kääng	Stromschnellen
kääng	Suppe
kääo	Glas, Flasche, Edelstein
kööp	Schuh
kööt	geboren werden
küüa	Salz
küüap	fast

L

laa	verlassen
laa/lang	rückständig
laai	viel
laai-kaan	Programm
laakhaa	Preis
laan	Enkel, Enkelin; Neffe, Nichte
laan-saai	Enkelsohn; Neffe
laan-saau	Enkelin; Nichte
laang	waschen
laang-fim	entwickeln (Film)
laang-tuua	waschen, sich
laao	er; sie; laotisch;
laduu	Saison
laduu-baimailon	Herbst
laduu-baimaipong	Frühling
laduu-fon	Regenzeit
laduu-hɵɵn	Sommer
laduu-lääng	Trockenzeit
laduu-naau	Winter
lai	rechnen
lak	stehlen
lamwong	tanzen (laot.)
lang-khaa	Dach
lang-tjaak	nachdem
lat	Staat
lat/thabaan	Regierung
lau	Alkohol
lau-weng	Wein
lawaang	zwischen
leek-thii	Nummer
lek	Eisen
leng	Gas geben
liang	füttern
liit	bügeln
lin	spielen
lom	unterhalten; Wind
lom phat	Wind bläst
lom-mɵɵlasum	Monsum
long	hinunterbewegen
lɵɵ	Rad
lɵɵi-nam	schwimmen
long-thün	investieren
long-thabien	registrieren
look	Welt
lɵɵng	probieren
lop	minus; abziehen
lot	Fahrzeug
lot-mee	Bus
lot-thiip	Fahrrad
lot-tjak	Motorrad
luk-khün	aufstehen
lut	senken
luuk	Kind
luuk-khööi	Schwiegersohn
luuk-khaa	Käufer
luuk-ka/tjää	Schlüssel
luuk-phai	Schwiegertochter
luuk-saai	Sohn
luuk-saau	Tochter
luung	Onkel (älterer)
lä	und
lään	laufen
lääo	schon; fertig
löök	beenden
lööm	anfangen
lüü	oder
lüüai	oft
lüüai-lüüai	immer
lüüak	auswählen
lüüat	Blut

M

maa	kommen
maa	Pferd
maa	Hund
maai	bedeuten

maai	Faden
maak	Frucht
maak–ang–ngun	Weintrauben
maak–hung	Papaya
maak–küüa	Aubergine
maak–kiiang	Apfelsine
maak–kuuai	Banane
maak–len	Tomate
maak–lintjii	Lechy
maak–mai	Obst
maak–mangkhut	Mangustan
maak–moo	Melone (rot)
maak–muuang	Mango
maak–naau	Zitrone
maak–nam–nom	Milchfrucht
maak–nat	Ananas
maak–ngoo	Rambutan
maak–pään	Mandarine
maak–phaau	Kokosnuß
maak–phet	Chili
maak–pom	Apfel
maak–tääng	Gurke
maak–tääng–suk	Melone (gelb)
mahaawithanjaalai	Hochschule
mai	[illegible]
mai	Holz
mai	Seide
mai–khiit–fai	Streichhölzer
mai–phai	Bambus
mai–thuu	Stäbchen
mak	mögen
man	es
man–daang	Batate
man–falang	Kartoffeln
mii	haben
mii	Nudeln
miia	Ehefrau
mit	Messer
mitaphaap	Freundschaft
moo	nah
moo	Topf
moo–fai	Batterie
moon	Kissen
moong	Uhr
moot	ausschalten
mot	alles; ganz
mot	Ameise
mung	Moskitonetz
muu	Schwein
muu–paa	Wildschwein
muuak	Mütze
muuan	lustig
mää	Mutter
mää–khaa	Händlerin
mää–khuua	Köchin
mää–nam	Fluß
mää–thoong	Würmer (Parasit)
mää–thau	Großmutter
mään	sein
määng	Insekt
määng–kabüüa	Schmetterling
määng–ngoot	Skorpion
määo	Katze
mät	Meter
müü	Tag
müü	Hand
müü–üün	morgen
müü–nii	heute
müü–waan–nii	gestern
[illegible]	übermorgen
müü/süün	vorgestern
müüa	wann (Bindewort)
müüa–dai	wann
müüai	müde
müüd	dunkel

N

naa	dick
naa	Reisfeld (bewäs.)
naai–hüüa	Kapitän
naai–khuu	Lehrer
naai–phäät	Arzt
naai–saang	Handwerker
naai–thahaan	Offizier
naathii	Minute
naau	kalt
nai	in
nak	schwer (Gewicht)
nak	Person

nak-dontii	Musiker
nak-hian	Schüler
nak-khaau	Journalist
nak-khonkhwaa	Forscher
nak-süksaa	Student
nak-thɵɵng-thiiau	Tourist
nak-thaai-huup	Fotograf
nak-thulakit	Geschäftsmann
nam-kɵɵn	Eis (-stücke)
nam-kan	zusammen
nam-man	Benzin; Öl
nam-nom	Milch
nam-nom-som	Joghurt
nam-saa	Tee
nam-som	Essig
nam-taan	Zucker
nam-tok	Wasserfall
namböö	Größe (Bekleid.); Nummer
namsakhun	Familienname
nan	jene, -r, -s
nang	sitzen
nang-long	setzen
nangsüü	Schrift
nangsüü-phim	Zeitung
nap	zählen
nenam	empfehlen
neu	klein; wenig
ngaai	einfach
ngau	trist
nguu	Schlange
nguu-phit	Giftschlange
nguua	Rind
ngön	Geld; Silber
ngön-taa	Valuta
nii	diese, -s, -r
niiu	Finger
njaa	Gras
njaai	umziehen
njaak	schwer (übertr.)
njaang	gehen (zu Fuß)
njaao	lang (Ding)
njai	groß
njang	noch
njang	was
njialaman	deutsch; Deutschland
njim	lächeln
njin	hören
njing-püün	schießen
njɵɵn	wegen
njɵɵn-waa	weil
njung	Mücke
nok	Vogel
nom	Brust (weibl.)
nɵɵ-mai	Bambusspitzen
nɵɵn	liegen
nɵɵng	jüngere/r Bruder, Schwester
nɵɵng	Teich
nɵɵng-khööi	Schwager (jüng.)
nɵɵng-phai	Schwägerin (jüng.)
num	jung
nung	anziehen
nuu	Maus
nuu-paa	Ratte
nuuat	Bart
nääo-dai	wie
nüüa	Norden

O

ongkaan	Organisation
ɵɵi	Zuckerrohr
ɵɵk	herausbewegen, hinausgehen
ookaat	Anlaß
ɵɵn	weich
ootalit	Östereich
ök	Brust
öölop	Europa
öön	rufen

P

pa	lassen, aufgeben
pa/njook	Satz
paa	Wald
paa	Fisch
paa	Tante (ält.)

paak	sprechen
pai-lin	spazieren
pai-sai	wohin
pam-nam/man	tanken; Tankstelle
papheenii	Brauch
paspɵɵ	Paß
patheet	Land
patuu	Tür
pen	sein; können
pen-njang	warum
pet	Ente
pet-kai	Geflügel
pha/njaat	Krankheit
phaa	begleiten
phaa	Stoff
phaa	Machete
phaa-hom	Decke (Stoff)
phaa-pok-tiang	Laaken
phaa puu bɵɵn-nɵɵn	Laken
phaa-set-müü	Serviette
phaa-set-naa	Handtuch
phaan	durchlaufen
phaasaa	Sprache
phaasii	Zoll
phaa-utsahakam	Kunstfaser
phai	wer
phai	Gefahr
phak	ausruhen; Partei
phak	Gemüse
phak-buua	Zwiebel
phak-hɵɵm	Kräuter
phak-phɵɵn	erholen
phak-sau	ausruhen
phak-sau	nächtigen
phak-thiam	Knoblauch
phanak/ngaan	Angestellter
phaphut	Buddha
phaphutahuup	Buddhastatue
phat-lom	Ventilator
pheeng	Lied
phet	scharf
phii	Geister
phii-nɵɵng	Verwandter
phiiu	Haut
phikthai	Pfeffer
phiseet	besonders
phit	falsch
phithii	Zeremonie
pho-waa	weil
phom	Haar
phonlapuuk	Ernteergebnis
phɵɵ	Vater
phɵɵ	genug
phɵɵ-khaa	Händler
phɵɵ-khuua	Koch
phɵɵ-mää	Eltern
phɵɵ-thau	Großvater
phɵɵ-tjai	zufrieden
phoot	zu sehr
phop	treffen
phun	dort
phuu	Mensch, Person
phuu	Berg
phuu-njing	Frau
phuu-saai	Junge; Mann
phuu-saau	Mädchen
phuu-siiausaan	Experte
phuu-thään	Vertreter
phuua	Ehemann
phuuak-hau	wir
phuuak-tjau	ihr
phään-kaan	Plan
phääng	teuer
phön	man
phüüa	für; damit
phüüak	schmutzig
phüün	Boden (Fuß-)
pii	Jahr
pii	Karte (Ticket)
pii-mai	Neujahr
piiak	feucht
piian	ändern; wechseln
pɵɵng-jiam	Fenster
pɵɵt	Lunge
pɵɵt-phai	sicher
puk	kräftig (Getränk); wecken
puua	behandeln (med.)
puuak	Termiten
puuk	anpflanzen

pää	übersetzen
pääng	reparieren
pääng	Mehl
pööt	öffnen
püüm	Buch
püün	Gewehr

S

sa/aat	sauber
sa/mɵɵng	Gehirn
sa/phaap-kaan	Situation
sa/phom	waschen, Haare
sa/thaanthuut	Botschaft
saa	langsam
saa/maat	fähig sein
saai	links
saai-ääo	Gürtel
saai-fim	Film zeigen
saai-uua	Wurst
saak	laden (Batterie)
saakon	international
saam-lɵɵ	Dreirad
saan	Teller
saan	flechten; Gericht
saang	Elefant
saang	bauen; schaffen
saang-faifaa	Elektriker
saang-kɵɵ	Maurer
saang-pääng-lot	Autoschlosser
saang-tat-khüüang	Schneider
saat	Nation
saatsanaa	Religion
saatsanaa-phut	Buddhismus
saau-naa	Bauer
saau-num	Jugendliche, -r
saau-phut	Buddhist (Laie)
sabai	gesund
sabu	Seife
sabuu-fun	Waschpulver
sadääng	ausdrücken
sahaai	Genosse; Kollege
sahakɵɵn	Kooperative
sai	wo; wohin
sai	Darm
sak	spritzen
sak-khüüang	waschen, Kleidung
salat	Salat
samaneen	Mönchsgemeinde
samlap	für
san	kurz (Ort, Zeit)
san	Etage
sang	wiegen
sangkhom	Gesellschaft
sarong	Sarong
sat	Tier
sat-paa	Wild
satem	Biefmarke
sathaanii	Station
sau	anhalten
sau	ausleihen
sau	traurig
sawit	Schweiz
seethakit	Wirtschaft
sen	Zentimeter
sii	Farbe
sii-khau	mahlen (Reis)
sii-dääng	rot
sii-dam	schwarz
sii-faa	blau
sii-khaau	weiß
sii-khiiau	grün
sii-khiithau	grau
sii-lüüang	gelb
sii-namtaan	braun
siia	verlieren
siia-haai	verschwinden
siia-khun	verderben
siia-tjai	bedauern
siiang	Stimme
siim	kosten
siin	Fleisch
siiwit	Leben
silapa	Kunst
sin	Rock (laot.)
sin-khaa	Ware
sit	Recht
som	anschauen
som	sauer
som-waan	süßsauer

son–tjai	interessieren
song	schicken
song	Hose
song–sai	zweifeln
song–sɵɵn–nai	Unterhose
sɵɵ–dɵɵk–mai	Blumenstrauß
sɵɵk	suchen
sɵɵm	Gabel
sɵɵm–pääng	reparieren
sɵɵn	unterrichten
sook	Glück
soomoong	Stunde
sua	schlecht
suk	reif
sukhaphaap	Gesundheit
sum	naß
sut	Set
suua–moong	Stunde
suuai	helfen
suuai–lüüa	helfen
suuan	Teil (von etwas)
suuan–phak	Gemüsegarten
suuan–tuua	persönlich
suung	hoch
suup	saugen
suup–jaa	rauchen
sääp	schmackhaft
söön	bitte
süü	kaufen
süü	Name, heißen
süüa	Tiger
süüa	Hemd
süüa	glauben
süüa	Matraze
süüa	Hemd, T–Shirt
süüa–njai	Jacke
süüa–sɵɵn	Büstenhalter
süüa–un	Pullover
süüak	Seil

T

taa	Auge
taai	sterben; tot
taak–däät	sonnen (sich)
taam	entlang;
taang	verschieden
taawen	Sonne
taawen/ɵɵk	Osten
taawen/tok	Westen
tai	einschalten
takiiang	Lampe
tai	Süden
taksii	Taxi
talaat	Markt
tam	niedrig
tam–kan	zusammenstoßen
tamluuat	Polizist
tang/ii	Stuhl
tap	Leber
tat	schneiden
tau–fai	Herd
tau–fai	Ofen
thaa	warten
thaa–hüüa	Hafen
thaai–huup	fotografieren
thaam	fragen
thaan	Mann (Anrede)
thaan–naang	Frau (Anrede)
thaang	Weg
thaang–kaan	offiziell
thaang–khop	Kreuzung
thaat	Stupa
thahaan	Militär
thai	pflügen
thai	thailändisch; Thailand
thalee	Meer
thamadaa	normal
than	schaffen (Zeit)
than–samai	modern
thanaakhaan	Bank
thanon	Straße
thap–kum	verhaften
thau	alt (Mensch)
thau–dai	wieviel (Menge)
thau–nan	nur
theelee	Fernsehen
theep	Recorder

thiap	vergleichen
thii	Ort, Stelle
thiian	Kerze
thii–nan	dort
thii–nii	hier
thit–thaang	Richtung
thong	Beutel
thong–pee	Rucksack
tii	schlagen
tii–saai	telefonieren
tiiang	Bett
thoolaleek	Telegramm
thoolasap	Telefon
thoolasap	telefonieren
thoot	Strafe
thɵɵ	gleich
thɵɵk	einzahlen
thɵɵn	herausnehmen
thɵɵng	Bauch
thɵɵng/thiiau	reisen
thuk	jeder; arm
thuk–thüüa	jedesmal
thuua–din	Erdnuß
thuua–khiiau	Erbsen
thuua–lüüang	Bohnen (gelbe)
thuua–ngɵɵk	Bohnenkeimlinge
thuua–njaau	Bohnen (grüne)
thuuai	Schüssel
thuuai–saam	Geschirr
thüü	glauben; meinen;
thüü	halten
thüüa	Mal
thüük	billig; richtig
thün	Kapital
thää	rasieren
thääk	messen
thöng	auf
tiin	Fuß
tit	verbinden
tjaak	seit
tjai	Seele
tjai–hai	böse
tjak	wieviel (Anzahl); Motor
tjam–tjüü	merken
tjat	organisieren
tjau	Sie; ja
tjau–siiwit	König
tjep	krank; weh tun
tjii–kɵ	Eidechse
tjiia	Papier
tjiia	tragen (auf Rücken)
tjiia–aanamai	Toilettenpapier
tjiin	chinesich; China
tjon	bis
tjɵɵk	Tasse; Glas
tjɵɵng	reservieren
tjɵɵt	parken
tjot–maai	Brief
tjua	Mönch (unter 20)
tjuup	küssen
tjüü	erinnern
tjääng	hell
tjääng–tuua	melden, sich
to	Tisch
tok	fallen
tom	kochen
ton	sich
ton–maak–mai	Obstbaum
ton–mai	Baum
too	du
tɵɵ	feilschen
tɵɵ	fortsetzen
tɵɵ–anju	verlängern
tɵɵn	Tonne
tɵɵn–baai	mittags
tɵɵn–khüün	abends
tɵɵn–kham	nachts
tɵɵn–lääng	nachmittags
tɵɵn–sau	morgends
tɵɵn–suuai	vormittags
tɵɵng	müssen
tɵɵng–kaan	brauchen (Besitz)
tɵɵp	antworten
tuu–jen	Kühlschrank
tuua	Buchstabe
tuua–leek	Zahl
tük–paa	angeln
tää	von;nur
tää–sai	woher
tää–waa	aber

tääk	zerbrechen
tääm–huup	malen

U

un	warm
upatiheet	Unfall
utsaahakam	Industrie
üüai	Schwester (ält.)
üüai–phai	Schwägerin (ält.)

W

waalasaan	Journal
waan	süß
waang–phään–kaan	planen
wai	schnell
wan	Tag
wan–aa/thit	Sonntag
wan–bun	Feiertag
wan–kööt	Geburtstag
wan–saat	Nationalfeiertag
wan/angkhaan	Dienstag
wan/phahat	Donnerstag
wan/phut	Mittwoch
wan/sau	Samstag
wan/suk	Freitag
wan/tjan	Montag
wang	hoffen
wat	erkältet
wat	Pagode
wau	sagen
weelaa	Zeit
wi/tha/nju	Radio
wietnaam	vietnamesisch
wiiak	Arbeit
wiiak–ngaan	Arbeit
wisaa	Visum
wään	Spiegel
wään–taa	Brille

ERGÄNZUNGEN

ER
GÄN
ZUN
GEN

ERGÄNZUNGEN

Der Autor

Klaus Werner, geb. 1956 in Bernburg, erlernte Laotisch im Rahmen seines Studiums 1977–83 in Moskau, da es eine solche Ausbildung zu jener Zeit in Deutschland noch nicht gab. Es folgten mehrere Jahre Aufenthalt in Laos, angefüllt mit journalistischer Arbeit, Sozialstudien, sprachlicher Weiterbildung und unvergeßlichen Begegnungen mit Menschen aller Schichten. Der Autor verliebte sich in das "sanftmütigste Volk der Welt" und das kaum erschlossene exotische Land, das sich auf den Weg macht, jahrhundertealten Entwicklungsrückstand aufzuholen. Mit besonderer Vorliebe stöbert er in den Annalen der Geschichte, den Lebensgewohnheiten der Menschen und den verschiedenen Winkeln des Landes, um mit dem Entdeckten das Interesse einer breiteren Öffentlichkeit am beinahe "vergessensten Land der Welt" zu fördern.

Für die freundliche Durchsicht des Manuskripts und die vielen nützlichen Hinweise dankt der Autor Herrn Dr. Eike Schulze, Herrn Sisouk und nicht zuletzt seiner Frau Liane.

Der Autor freut sich über jede Meinungsäußerung zum vorliegenden Buch und wird Hinweise und Kritiken aufmerksam prüfen, um sie in späteren Auflagen zu berücksichtigen.